Till Mansmann
Roland von Hunnius
Frank Sürmann
Hans Maschke
Martina Daubenthaler

# Freiheit, die wir meinen

*Warum wir Liberale sind und eine politische Heimat brauchen*

*Freiheit, die wir meinen*
*Warum wir Liberale sind und eine politische Heimat brauchen*

1. Auflage Oktober 2011
Layout und Realisierung: Jochen Fröhlich DTP Service, jfroehlich@geiersberg.de
Herstellung und Verlag: Books on Demand GmbH, Norderstedt
ISBN: 978-3-84238-409-5
Printed in Germany

Bibliografische Information der Deutschen Nationalbibliothek
Die Deutsche Nationalbibliothek verzeichnet diese Publikation in der Deutschen Nationalbiografie;
detaillierte bibliografische Daten sind im Internet über http://dnb.d-nb.de abrufbar.

Die Titelseite zeigt einen Teil der Freiheitsstatue („Liberty Enlightening the World"),
die auf Liberty Island im Hafen von New York steht. Bild: shutterstock.de.

**Sie können die Verbreitung dieses Essays über Facebook unterstützen:**

Nutzen Sie den „gefällt mir!"-Button auf unserer Projekt-Seite
**„Den Liberalismus in Deutschland retten"**
(http://www.facebook.com/#!/pages/
Den-Liberalismus-in-Deutschland-retten/287053437989147),

melden Sie dort an, wenn Sie als Mitunterzeichner (als FDP-Mitglied
oder als interessierter Bürger) auftreten wollen oder sagen Sie dort Ihre Meinung
zum Thema Liberalismus in Deutschland.
Wir wollen eine Diskussion anstoßen – Ihr Beitrag ist dabei wichtig!
Oder melden Sie sich direkt beim Autorenteam über till@mansmann.info.

*„Der wahre Liberale sucht mit den Mitteln,
die ihm zu Gebote stehen, soviel Gutes zu bewirken,
als er nur immer kann; aber er hütet sich,
die oft unvermeidlichen Mängel
sogleich mit Feuer und Schwert vertilgen zu wollen.*

*Er ist bemüht, durch ein kluges Vorschreiten
die öffentlichen Gebrechen nach und nach
zu verdrängen, ohne durch gewaltsame Maßregeln
zugleich oft ebensoviel Gutes mit zu verderben.*

*Er begnügt sich in dieser stets unvollkommenen
Welt so lange mit dem Guten, bis ihn, das Bessere
zu erreichen, Zeit und Umstände begünstigen.“*

*Johann Wolfgang von Goethe
zu Frédéric Jacob Soret, 1830,
nach Johann Peter Eckermann
(„Gespräche mit Goethe“)*

*Dies ist eine Darlegung persönlicher Überzeugung, ein Essay zur ganz persönlichen politischen Einstellung der Autoren. Es ist kein Parteiprogramm – aber eine Richtschnur, an der sich ein Parteiprogramm ausrichten könnte.*

*Wir hören in letzter Zeit oft, nicht selten mit hämischem Unterton, die FDP sei tot, und das sei auch in Ordnung so, sie werde nicht gebraucht. Wir sehen das anders – und wollen allen, die die Freiheit lieben, begründen, warum wir den Niedergang liberaler Denkweisen in Deutschland nicht taten- und ideenlos geschehen lassen wollen. Daher haben wir hier versucht, den Liberalismus geschichtlich in die großen politischen Strömungen Deutschlands und Europas einzuordnen. Wir haben dabei die heutige Situation in der deutschen Parteienlandschaft auch gleich auf einige aktuelle Probleme der Politik angewendet.*

*Wir sehen die schwierige Lage in den Darstellungen der Medien, wir hören die oft unsachlichen, medial aber wirksamen Angriffe auf die Grundfesten unserer Überzeugung – wir sehen darin aber nicht das Kernproblem. Wenn die FDP wirklich fast tot ist – dann haben wir sie selbst getötet, weil wir uns selbst in dieser Partei an wesentliche Grundsätze, die wir hier aufzeigen wollen, nicht gehalten haben. Entsprechend äußern wir hier besonders Kritik an der FDP – aber auch an anderen politischen Strömungen und Parteien in Deutschland. Wir wenden uns an Mitglieder, Mandatsträger und Amtsinhaber in der FDP, aber auch an alle Bürger, die dem Freiheitsgedanken nahe stehen.*


Till Mansmann
Roland von Hunnius
Frank Sürmann
Hans Maschke
Martina Daubenthaler

# Inhalt

# Warum wir uns erklären müssen

*Wir fürchten um die erkämpfte Demokratie in Freiheit und Recht und Einigkeit in Deutschland und Europa.*
*Wir wollen, dass der liberale Kompass nicht länger einem Ventilator gleicht.*

Vicco von Bülow, kurz Loriot genannt, hat die deutsche Gesellschaft in den 70er- und 80er-Jahren gerne aufs Korn genommen – auch die Politik. Die damals nach Wahlen übliche „Elefantenrunde" im Fernsehen hat er köstlich nachgestellt. Der bayerische CSU-Vertreter fragt immer nur etwas desorientiert: *„Wos bin i?"*, und der Liberale sagt mit wichtiger Miene: *„Liberal im Sinne von liberal heißt nicht nur liberal!"* Die FDP hatte damals ein Problem klarzumachen, warum liberales Denken die politische Landschaft in Deutschland bereichert – oder, wie wir meinen: grundsätzlich und entscheidend bereichert. Sie hat es heute wieder, weil die bezahlte Politik Beruf und Berufung verwechselt. Die Ernsthaftigkeit liberalen Handelns und Denkens im öffentlichen Raum ist nicht ausreichend erkennbar. Gerade auch jetzt müssen wir den Menschen in Deutschland klarmachen, warum wir nicht auf eine liberale Partei verzichten können. Nicht zuletzt müssen wir das unseren eigenen Mitgliedern klarmachen, sonst folgt auf den Absturz in den Umfragen und in den ersten Landtagswahlen nach der Krise auch eine Austrittswelle. Daher haben wir einmal zusammengefasst, warum wir Liberale sind – mit oder ohne die FDP. Aber lieber mit ihr.

# Glaubwürdigkeit

*Politik ist für die Menschen und den funktionierenden Staat da
und nicht für die Karriere von Politikern.
Politik muss Berufung sein.
Ein Politiker soll dem Wohl des Volkes dienen.*

Der Absturz der FDP von 16 auf kritische unter 5 Prozent ist zu einem sehr großen
Teil einem Mangel an Glaubwürdigkeit geschuldet. Während Teile der Öffentlichkeit
und Vertreter anderer Parteien glauben, die FDP wäre unter Druck geraten, weil sie
eine – aus ihrer gegnerischen Sicht falsche – liberale Politik gemacht hat, sind wir
aus liberaler Perspektive sicher: Nein, der Absturz ist darauf zurückzuführen, dass die
FDP eben gerade **NICHT** liberale Politik gemacht hat. Sozialdemokraten, Konservative
und Grüne waren nie unsere Wähler, also konnten wir sie auch nicht also solche ver-
lieren. Liberale haben wir als Wähler verloren, weil wir sie enttäuscht haben. In den
ersten beiden Jahren hat die Bundesregierung mit ihrer schwarz-gelben Parlaments-
mehrheit kein größeres Projekt angefasst oder gar durchgesetzt, das originär liberal
gewesen wäre. Alle Entscheidungen hätten ziemlich genau so auch von einer großen
oder einer rot-grünen Koalition gefällt werden können. Liberale politische Gestaltung
hat sich auf die – sehr lobenswerte! – Verhinderung ausdrücklich konservativer Projekte wie Vorratsdatenspeicherung beschränkt. Das ist zu wenig. Viel zu oft hat die
Bundestagsfraktion das, was vom konservativ oder sozialdemokratisch geprägten Teil
der herrschenden Koalition als „alternativlos" bezeichnet wurde, so hingenommen –
statt liberale Alternativen aufzuzeigen und, wo möglich, durchzusetzen.

Erstmals ist so ein Widerspruch, wenn auch sehr spät, in der Griechenland-Frage
aufgekommen. Aber hier wurde er von Medien und Bevölkerung gerade wegen seines
späten Auftretens nur noch als Wahltaktik interpretiert. Die FDP hat, insbesondere
beim Wahlkampf für die Landtagswahl Berlin, fälschlich den Eindruck aufkommen lassen, wir deutsche Liberale wollten Griechenland nichts geben. Das ist falsch. Wir wollen den Banken, die die Griechen finanziert haben, nicht die Risiken, für die sie hohe
Rendite eingestrichen haben, abnehmen! Wir wollen den Griechen nicht „helfen", indem wir ihnen Zeit verschaffen, so weiterzumachen, wie bisher. Wir wollen ihnen **helfen**, sobald sie wirklich Strukturen verändern, einen Wohlstand zu schaffen, der nicht
dauerhaft an Transfers hängt. Und schließlich soll die Hilfe nicht über den Umweg der
bisherigen, offensichtlich faulen Bankkredite gehen, weil sie so nicht ankommt, sondern im Gegenteil auf diese Weise europaweit Wohlstand vernichtet wird.

Aus unserer Sicht ist das ganze Versagen der FDP eine klare Folge des Koalitions-
vertrags: Viele Personen, die dort für die FDP gehandelt haben, haben sich lieber auf

die Verteilung von Pöstchen konzentriert, statt politische Positionen festzuschreiben und auf ihre Durchsetzung zu achten. Pöstchenschieben wird aber vom Wähler – zu Recht! – nicht goutiert. Traurigerweise sind dabei in einzelnen Fällen besondere liberale Hoffnungsträger, die in die erste Reihe gehört hätten, nicht berücksichtigt und zu „Hinterbänklern" gemacht worden. So wurden personell und inhaltlich falsche Schwerpunkte gesetzt. Die Führungsspitze der FDP hat sich in weiten Teilen unliberal verhalten, sie bekommt dafür nun Wahl für Wahl die demokratische Höchststrafe – es ist schade, dass so viele engagierte und hochangesehene Liberale vor Ort, in den Gemeindevertretungen, auch teilweise in den Landesverbänden, ohne eigene Schuld mit in diesen Strudel geraten.

# „Klientelpolitik"

*Der Missbrauch von Macht ist illegitim – der Gebrauch von
Macht im Interesse der Bürger und Gruppierungen von Bürgern
ist hingegen der Sinn der Demokratie.*

Politik, die versucht, das Recht zugunsten besonderer Gruppen zu beugen oder be-
währte Systematiken verletzt, um diesen Gruppen Vorteile zu verschaffen, ist Klientelpolitik. Rechtsbeugung und unsystematische Rechtsbildung lehnen Liberale ab.

Politik, die bei der Gestaltung auf Interessengruppen Rücksicht nimmt, ist hingegen geradezu die Essenz der parlamentarischen Demokratie: Die „Linken" haben
einen Schwerpunkt bei der Interessenvertretung von Transferempfängern, die Sozialdemokraten bei Arbeitern und Angestellten, die Grünen im Beamtentum und in der
Solar- und Windkraft-Wirtschaft. Und die Liberalen achten eben in aller Breite auf die
Interessen von Selbstständigen und Mittelständlern. Diese Schwerpunkte ergeben
sich aus den politischen Programmen. Wer die Leistung des Einzelnen, unternehmeri-
schen Mut, Gestaltungswille und Verantwortungsbewusstsein parteiprogrammatisch
hervorhebt, hat hier natürlich auch einen großen Teil der potenziellen Wählerschaft:
Die FDP ist die Partei der Leute, die morgens aufstehen und versuchen, mit großer
Ausdauer etwas zu schaffen – für sich, für ihre Angehörigen, aber auch für andere,
als Steuerzahler. Die Grünen zum Beispiel setzen eben andere Schwerpunkte, und wir
können nicht erkennen, dass diese grundsätzlich „bessere" seien. Oder, wie es Rainer
Hank und Georg Meck in einem Artikel der „Frankfurter Allgemeinen Sonntagszei-
tung" ironisch ausgedrückt haben: *„Wer Atomkonzerne bedient, betreibt Klientelismus.
Wer die Ökobranche schmiert, handelt nachhaltig. (...) Ob ein Fall von Klientelismus
(schlecht) oder von Gemeinwohlstärkung (gut) vorliegt – das ist eine Frage des kulturellen Wertehimmels einer Gesellschaft. Darüber richten die Wächter politischer Korrekt-
heit und die Agenten der Demoskopie, die wissen, was die Leute gut finden."* („Gute
Klientel – schlechte Klientel", „FASZ", 43/2010). In diesem „kulturellen Wertehimmel"
findet liberales Denken zu wenig statt – das ist eines der größten Probleme der FDP.

Es ist nicht verwerflich, sich einer speziellen Zielgruppe besonders anzunehmen
– im Gegenteil: geschieht es nicht, gerät der Staat in Gefahr (siehe „Das Verhältnis
zum Staat", Böckenförde-Diktum). Dennoch wird gerade die FDP mit dem Vorwurf
der Klientelpolitik konfrontiert, der meist an einem einzigen Beispiel festgemacht
wird. Daher wollen wir hier speziell dazu auch Stellung beziehen: Die Senkung der
Mehrwertsteuer für Hoteliers war in allererster Linie die Umsetzung einer Forderung
insbesondere der CSU. Genau diese Forderung wurde übrigens auch im Bayerischen
Landtag von den Grünen mitgetragen. Steuersystematisch lässt sie sich im Einzelnen

gut begründen, weil zu diesem Zeitpunkt bereits in 21 von 27 europäischen Staaten Übernachtungsleistungen entsprechend steuerbegünstigt waren – für den Tourismus in Deutschland mit seinen Grenzen zu vielen Nachbarstaaten ist das ein nicht zu vernachlässigender Wettbewerbsfaktor.

Dennoch können wir die grundsätzliche Kritik an dieser Maßnahme teilen: Steuersystematisch ist diese Steuersenkung problematisch, weil sie das Mehrwertsteuersystem nicht, wie von der FDP viel weitergehend gewünscht, vereinfacht, sondern verkompliziert. Wir hätten eine Reform der Mehrwertsteuer an sich bevorzugt – in diesem Rahmen hätte möglicherweise auch die Steuersenkung für Übernachtungsdienstleistungen Platz gehabt. Daher bewerten diesen Vorgang nicht als Klientelpolitik, sondern als handwerklichen Fehler im Politbetrieb – als ersten Fehler dem leider weitere gefolgt sind.

# Das ist für uns Liberalismus

*Liberale haben keine Ideologie, sondern einen Leitgedanken:
Das ist der immer während Wunsch nach der Bewahrung
der Freiheit und Akzeptanz des Einzelnen in seiner Besonderheit
und Unterschiedlichkeit, begrenzt durch die Freiheit der anderen.*

Der Liberalismus ist, anders als andere politische Strömungen, keine Ideologie – denn er kritisiert nicht einfach den Ist-Zustand im Land. Liberalismus geht nicht synthetisch von einer Idee aus, wie die Welt in Zukunft einmal aussehen soll. Liberale sind erst einmal mit dem System zufrieden, wenn es die Freiheit des Einzelnen garantiert – was ein hoher Anspruch ist! Auf dieser Basis sollen dann alle politischen Fragen geregelt werden, analytisch und rational. Das hat auch gute Gründe: Eine Glückseligkeit versprechende Zielvorstellung – sei es mit dem Ziel nationaler Größe, ökologischer Nachhaltigkeit, materieller Gleichheit aller oder sonst einer „großen" Idee – kollidiert allzu oft mit der realen Welt und den Menschen in ihr. Daher gehört so etwas aus liberaler Sicht in den Bereich der Religion, nicht in die Politik.

Oft heißt es, vor allem geäußert von Menschen, die dem Sozialismus nahestehen, sprachlich etwas schief, aber doch prägnant: *„Jeder braucht seine Utopie."* Nein, der Liberale braucht sie nicht. Utopia war in der griechischen Antike der Ort „Nirgendwo", ein „Nicht-Ort" („u-topos"). An diesem Ort haben wir Liberale aus gutem Grund nichts verloren. Die größten Tragödien der Welt haben sich im Wahn einer Ideologie abgespielt und haben dieses vermeintliche Utopia zum realen Tatort furchtbarer Verbrechen gemacht, an dem Menschen andere Menschen zu ihrem vermeintlichen Wohl ihres Lebens zwingen – und sei es um den Preis des Todes vieler, die dabei gerade im Wege standen. Der Liberalismus setzt sich ausdrücklich von kollektivistischen Bestrebungen, wie sie ganz rechts und links im politischen Spektrum an der Tagesordnung sind, ab. Der Liberalismus setzt dagegen auf eine individualistische, pluralistische Gesellschaft. In dieser gewünscht bunten Welt wird der Meinungsfreiheit ein hoher Wert zugemessen. Kleingeistige Denkvorschriften werden abgelehnt, die Rechte des Einzelnen spielen die Hauptrolle.

Der Liberalismus geht, anders als die politischen Ideologien, nicht von einem Ziel aus, sondern analytisch und rational von einer Grundlage – dem Recht des Einzelnen, also vom Menschen-, Bürger- und Völkerrecht. Und zu den vornehmsten Rechten gehört zwingend und konstituierend immer die Freiheit des Menschen wie auch ganzer Völker. Grundlage des Liberalismus ist zuallererst die Würde des Menschen – die nur in Freiheit denkbar ist. Von dieser Basis ausgehend versucht der Liberalismus, politisch das Beste für alle zu erreichen. Diese Würde bedeutet Verantwortung für den Einzelnen. Und genau diese Verantwortung nimmt ihm die Diktatur, wie der Philosoph Karl Popper, von dem noch öfter die Rede sein wird, bemerkt hat – mit gravierenden Folgen für die menschliche Würde: In Poppers Sicht ist die Diktatur schlichtweg böse, denn *„sie enthebt den Menschen der menschlichen Verantwortung, ohne die er nur ein halber, nur ein hundertstel Mensch ist"* („Wer soll herrschen?", 1960).

Popper wusste auch: *„Der Rationalist ist einfach ein Mensch, dem mehr daran liegt zu lernen, als recht zu behalten."* („Alles Leben ist Problemlösen", 1994). Auch der Liberale weiß immer, dass er sich in der konkreten politischen Entscheidung auch irren kann. Wir empfinden es daher als unsachlich, wenn gerade diese tolerante, aufgeschlossene und demokratische Haltung vom politischen Mitbewerber anderer Strömung oft als schierer Opportunismus und politische Beliebigkeit ausgelegt wird. *„Liberal im Sinne von liberal"* heißt also erst einmal: Freiheit leben und Verantwortung übernehmen, damit jeder versucht, das Beste für alle aus der Freiheit zu machen. Anders als Ideologien, die für sich die wissenschaftliche Wahrheit reklamieren („wissenschaftlicher Sozialismus", „Rassenlehre" ...), nutzt der Liberale wissenschaftliche Erkenntnis auf kritische Art – und für die Wissenschaftler, die für uns dabei eine wichtige Rolle spielen, brauchen wir uns nicht zu schämen. Zu den Philosophen und Wirtschaftswissenschaftlern, die der liberalen Idee den Weg gebahnt haben, unten mehr.

Dennoch versuchen andere politische Strömungen, die einer Ideologie nahestehen, immer wieder, das Liberale in die ideologische Ecke zu stellen. So hat SPD-Chef Sigmar Gabriel mehrfach und in polemischer, populistischer Art die FDP mit der ultrakonservativen, von christlichem Fundamentalismus stark beeinflussten Tea-Party-Bewegung der Partei der Republikaner in den USA verglichen. Als Verbindungspunkt sieht Gabriel offenbar die generelle Ablehnung von Steuererhebung durch die „Tea Party" und den Wunsch nach Steuersenkung der FDP. Dabei wirft er – vermutlich (oder: hoffentlich!) wider besseres Wissen – religiös begründete generelle Staatsablehnung mit liberaler Staatskritik in einen Topf. Umgekehrt wäre das so, als würden wir jeden, der in Deutschland irgendetwas Soziales fordert, mit Kommunisten in einen Topf werfen. Einen solchen Umgang miteinander empfinden wir als Beschädigung der politischen Kultur unseres freiheitlichen Gesellschaftssystems.

Das Gegenteil ist der Fall – Liberalismus ist keine Ideologie, ist fern aller Religiosität, die wir als Liberale nicht ablehnen, sondern im privaten Bereich verankert sehen wollen. Bei den ideologisch geprägten politischen Strömungen ist das anders – und der Vergleich dieser Strömungen mit Religionen ist nicht zu weit hergeholt, was wir an einem Beispiel erläutern wollen: Wenn ein religiöser Mensch bekennt, dass er wirklich an die Jungfräulichkeit Mariens glaubt, wird er dann auch an die Auferstehung Jesu glauben, an die Wandlung der Hostie und die Auferstehung am Jüngsten Tag? Ja, denn das sind alles feste Glaubenssätze seiner katholischen Kirche. Im Bereich der Religionen ist das normal und wird von Liberalen als Privatangelegenheit nicht kritisiert. Aber taugt so ein System auch für die politische Gestaltung einer freien Gesellschaft? Wenn eine politisch interessierte Person ein diesem Essay entsprechendes Bekenntnis aufsetzen und mit den Worten „Liebe MitstreiterInnen" beginnen würde, würde sie sich im Anschluss daran für oder gegen Kernkraft, für oder gegen Mindestlöhne, für oder gegen Einheitsschulen aussprechen? Intuitiv kennen wir alle ihre Antworten schon – obwohl geschlechtsneutrale Sprache, technische Formen der Energieerzeugung, Tarifautonomie und das Schulwesen aus unserer liberalen Sicht völlig verschiedene Themen sind. Aus linker Sicht sind aber das alles Glaubenssätze: Sprache unterdrückt, Kernkraft ist böse, Mindestlöhne notwendig, Einheitsschulen sind es ebenso. Die Religiosität der „Linken" ist in Ostdeutschland bis hin zur Jugendweihe als Ersatz für Konfirmation und Firmung gegangen – und hält bis heute an, nicht nur in Ostdeutschland.

Wir Liberale sind nicht ideologisch, wir haben keine solchen Gebäude von Glaubenssätzen, bei uns wird Politik und Religiosität nicht vermischt. Daher können wir in Einzelfragen unabhängig – im Sinne der Aufklärung: mit dem Verstand – urteilen. Wir haben auch – anders als Religionen und politische Ideologien – kein Weltuntergangsszenario. Daher gehört die Apokalypse der Bibel für uns nicht zur Politik, sondern zur höchstpersönlichen Religionsfreiheit – und genauso die ökologischen Untergangsszenarien der Grünen oder die gesellschaftlichen der „Linken". Wir brauchen auch keinen Ersatz-Jesus, wie ihn sich die internationalen Linken zum Beispiel in Ernesto „Che" Guevara geschaffen haben, der mit eigener Hand Todesurteile ohne vorher ordentlich gefällte Richtersprüche vollstreckt und so Recht und Würde anderer gravierend verletzt hat. Wir Liberale ziehen daher genausowenig ein Che-Guevara-T-Shirt an, wie wir ein Hans-Filbinger-T-Shirt anziehen würden (dem deutlich weniger anzulasten ist). Entsprechendes gilt noch viel mehr für die großen Verbrecher der Geschichte, die in einem kollektivistischen Personenkult Ziel quasireligiöser Verehrung im 20. Jahrhundert waren, wie Adolf Hitler, Benito Mussolini, Josef Stalin, Mao Tse-Tung, Ho Chi Minh oder Fidel Castro.

# Bürger- und Menschenrechte

*Unglückliche Menschen sind überall dort, wo die eigene Lebensgestaltung vom Staat bestimmt wird; deshalb muss eine Verfassung diese individuellen Rechte gegen jede politische Führung vor einem unabhängigen Gericht verteidigen können, notfalls mit Gewalt. Unser höchstes politisches Gut in Deutschland sind die unumstößlichen und unveräußerlichen Grundrechte, die die Menschenrechte aller enthalten.*

Aus liberaler Sicht muss sich die Politik immer daran messen lassen, wie sie mit den Rechten ihrer Bürger umgeht. Dieser nicht idealisiert-zielgerichtete (in Religion und Philosophie würde man sagen: teleologische), sondern grundsätzlich-rechtliche (pragmatische) Politikansatz unterscheidet uns als Liberale wesentlich von den Sozialdemokraten, Konservativen und natürlich von den Anhängern kollektivistischer Systeme, seien sie nun rechts- oder linksradikal. Diese Grundeinstellung wurde in der Reformationszeit kulturell vorbereitet, im 17. und 18. Jahrhundert von großen Denkern eindrucksvoll entwickelt und im 19. Jahrhundert – über viele Um- und Irrwege – in bedeutenden Staatsbildungen wie in den Vereinigten Staaten und in Frankreich, aber auch in England politisch umgesetzt. Als Liberale empfinden wir vor diesem geschichtlichen Hintergrund die Ausrichtung auf diese Rechte als die politische Essenz des Humanismus.

Der Liberalismus achtet bei seinen politischen Forderungen darauf, diese unveräußerlichen Rechte in enger Auslegung zu wahren und zu verteidigen – nicht nur für sich selbst, sondern auch für jeden, als rechtlich gleich erkannten anderen Menschen. Toleranz ist daher eine logische Folge liberalen Denkens: Was ein Mensch in seinem grundrechtlich geschützten Heim, in seiner ebenso geschützten Privat- oder gar Intimsphäre macht, kümmert den Liberalen – im Gegensatz beispielsweise zu manchem Wertkonservativen! – nicht, solange dabei keine Gesetze verletzt werden, also die Freiheit anderer unerlaubt eingeschränkt wird. Moralinsaure Anklagen sind nicht die Sache von Liberalen. Diskriminierung aufgrund Herkunft, Hautfarbe, politischer Einstellung, Geschlecht, sexueller Ausrichtung, Geschmack, Bildung oder anderem liegt einem Liberalen ebenso fern.

Aus der Erkenntnis, dass es kein politisches Ziel gibt, bei dessen Erreichen alle Menschen endlich glücklich sind, folgt auch eine hohe politische Toleranz – denn was für das persönliche Glück wichtig ist, kann jeder nur für sich selbst in Freiheit bestimmen. Aus genau diesem Grund wird auf unseren Parteitagen in allen möglichen Fragen auch grundsätzlich (und oft detailliert und kenntnisreich) gestritten –

selten wird eine Einmütigkeit erzielt, wie sie die Grünen bei der Kernkraft-Debatte oder die Sozialdemokraten bei sozialen Forderungen kennen. Politische Einzelfragen – wie zum Beispiel die Kernkraft-Ablehnung bei den Grünen – genügen bei uns nicht zur Definition unserer politischen Strömung. Aus dieser Art von „Uneinigkeit" darf keine Beliebigkeit abgeleitet werden. Unsere Einigkeit ist wesentlich fundamentaler: Sie liegt in der Freiheit.

Die liberale Toleranz geht über das bloße Nicht-Verfolgen anderer Lebensentwürfe weit hinaus: Anders als bei einer Ideologie, deren Anhänger sich wünschen, dass in vielen Jahren Welt und Gesellschaft in einer bestimmten, angestrebten Art anders – aber einheitlicher! – aussehen als heute und dadurch weniger Probleme haben sollen, gehen wir als Liberale davon aus, dass auch in Jahrzehnten, Jahrhunderten und – hoffentlich! – Jahrtausenden noch leidenschaftlich über die richtige Politik gestritten wird. Wir haben die Gewissheit, dass es auch in Zukunft kleine und große Krisen geben wird. Wir wollen kein autoritäres System, das auf utopischen Vorstellungen beruht. Wir glauben niemandem, der das in unseren Augen uneinlösbare Versprechen gibt, diese Auseinandersetzungen oder Krisen ein für allemal „abzuschaffen". Alle, die das bislang versucht haben, haben immer nur Rechte abgeschafft – und ganz besonders große Krisen erzeugt. Auch die DDR hatte versprochen, sich endgültig unabhängig von Wirtschaftskrisen zu machen – die  dadurch ausgelöste Krise war dann so groß, dass die Menschen in Ostdeutschland bis heute darunter leiden.

Wir hingegen setzen uns dafür ein, dass bei den notwendigen Auseinandersetzungen möglichst vielen Menschen auf der Welt die Grundrechte als Menschen und Bürger gewährt werden, damit diese frei über die Fragen entscheiden können, die sie gerade bewegen. Auch heute müssen weltweit leider mehr Menschen auf diese Rechte verzichten, als sie wahrnehmen dürfen. Wenn wir Liberale einen weltweiten geschichtlichen Fortschritt anstreben, dann den: mehr Menschen – möglichst bald, möglichst vielen – die Wahrung ihrer Rechte zu garantieren. Alle anderen Fortschritte wollen wir dem Urteil dieser freien Bürger überlassen und nicht bevormundend vorformulieren.

Wir gehen davon aus, dass auch in ferner Zukunft die Menschen noch sehr verschieden sein werden, ihren jeweils eigenen Weg suchen und finden. Dabei werden sie nie wirklich gleich sein, sondern sich immer von anderen abheben. Das kann in Berühmtheit geschehen, also durch eine Art von Leistung, die mit vielen anderen geteilt wird, oder einfach im Leben als besondere Persönlichkeit im Kreis von Familie, Freunden und Arbeitskollegen, wie die meisten von uns. Wir Liberale finden die pluralistische, bunte Welt schön, sehen im Kontakt mit fremden Kulturen und in besonderen Lebensformen, die manche Menschen wählen, eine Bereicherung, auch wenn das mit gesellschaftlichen Spannungen verbunden ist.

Wo verschiedene Vorstellungen im Einzelnen miteinander kollidieren, braucht man ein Rechtssystem, um Rechtssicherheit zu erlangen – eine Wertung der Position des Einzelnen muss dabei nicht vorgenommen werden. Diese liberale Toleranz wird am besten mit einem Satz beschrieben, der dem Philosophen Voltaire (fälschlicherweise, aber zutreffend) zugeschrieben wird: *„Ich missbillige, was du sagst, aber würde bis auf den Tod dein Recht verteidigen, es zu sagen."* Auf die dieser Einstellung zugrunde liegende Aufklärung werden wir noch zu sprechen kommen, ebenso auf den Mut, den Liberalismus immer erfordert. Weitergeführt wurde der Gedanke im 19. und schließlich im 20. Jahrhundert, nicht zuletzt unter dem Eindruck der Nazi-Katastrophe. Kurz nach dem Krieg schrieb Karl Popper das Buch „Die offene Gesellschaft und ihre Feinde", in der er mit dem Totalitarismus abrechnete und ihm die Demokratie entgegenstellte – vor allem in ihrer Eigenschaft, durch Abwahl einer schlechten Regierung die Freiheit zu wahren. Es ist für uns traurig, dass es jetzt im Jahre 2011 gerade die FDP ist, die sich mit diesem Vorwurf auseinandersetzen muss. Wir sehen dabei allerdings nicht nur die FDP in ihrer aktuellen Leistung auf Bundesebene kritisch, sondern auch den größeren christdemokratischen Partner und die Opposition, die in unseren Augen zurzeit auch keine wirklich gute Figur machen.

Das Fehlen einer Ideologie, durch die andere politische Strömungen bestimmt wird, wird im Liberalismus durch eine besondere Überzeugung ersetzt, nämlich dass im stetigen Ringen um Kompromisse, Interessen und Abgrenzung von Rechten am Ende, wenn alle sich am Recht der anderen orientieren, die meisten Menschen ein wenig glücklicher sind als vorher. Aber auch umgekehrt: dass Menschen nicht glücklich werden, wenn man sie zu etwas zwingt. Ideologien betrachtet der Liberale daher immer mit Argwohn: Am Ende, wenn man alle zu ihrem vermeintlichen Glück gezwungen hat, sind meist alle unglücklicher als da, wo die Freiheit herrscht. Das zeigen die entsprechenden Misserfolge in der Geschichte zeigen, sei es die „Terreur"-Herrschaft nach der französischen Revolution, seien es Nationalsozialismus oder Kommunismus. Wie viel Menschen zu opfern bereit sind, um ihr Leben selbst bestimmen zu können, haben uns die vielen Opfer der deutschen Teilung bewiesen: Hunderte haben den Versuch der Flucht nach Westen mit dem Leben bezahlt, Millionen haben ihre Heimat aufgegeben, ihr Hab und Gut, ihre Familien und Freunde zurückgelassen, weil sie in Unterdrückung nicht leben wollten. Vor diesem Hintergrund haben gerade wir Deutschen – und zuvorderst die Liberalen, die der Freiheit ausdrücklich verpflichtet sind – eine Verpflichtung gegenüber den Völkern dieser Welt: Auch so etwas darf nicht mehr geschehen.

Es ist eine grundliberale Haltung, dass jeder Mensch das Recht hat, auf seine für sich als richtig erkannte Art nach Glück zu streben, ohne sich von anderen in diesem Recht einschränken lassen zu müssen. Daraus leiten sich dann weitere konkrete Freiheitsrechte ab wie die Freizügigkeit, die freie Meinungsäußerung, die freie Berufswahl oder die Religionsfreiheit.

Jede dieser Freiheiten gewährt das Recht, Entscheidungen zu treffen – was immer auch ein Risiko birgt, das Liberale bewusst annehmen. Die Übernahme der Verantwortung setzt daher sowohl Mut des Individuums als auch eine Fehlertoleranzkultur der Gesellschaft voraus. Scheitern ist keine Schande, es ist der Beginn eines Lernprozesses.

# Abgrenzung zu anderen politischen Strömungen

*Liberalismus ist die Weiterführung der philosophischen Aufklärung. Wer Liberalismus nur als Plattform eigener Vermögensmehrung sieht, missversteht den Gedanken der Freiheit. Wer bereit ist, unter Liberalismus die persönliche Verantwortung zu verstehen, durch eigene Kraft Vermögen zu erwirtschaften, der wird auch seiner sozialen Verantwortung gerecht.*

Das Grundprogramm des Liberalismus ist daher Evolution, nicht Revolution; nicht Idealismus (wie bei den Konservativen) oder Materialismus (wie im Sozialismus und Nationalsozialismus), sondern, wie bereits in einer Voltaire-Randbemerkung aufgezeigt, die Aufklärung. Wir streben kein historisches Ziel an, wie es Friedrich Hegel oder Karl Marx taten, sondern sind auf dem immer währenden, anstrengenden, langsamen Weg der Suche nach der Erkenntnis. Diesen Weg gehen wir im Vertrauen auf die menschliche Vernunft und mit der Forderung nach der Wahrnehmung der Verantwortung des Einzelnen, ganz so, wie es der Philosoph Immanuel Kant definiert hat: *„Aufklärung ist der Ausgang des Menschen aus seiner selbst verschuldeten Unmündigkeit. Unmündigkeit ist das Unvermögen, sich seines Verstandes ohne Leitung eines anderen zu bedienen. Selbstverschuldet ist diese Unmündigkeit, wenn die Ursache derselben nicht am Mangel des Verstandes, sondern der Entschließung und des Mutes liegt, sich seiner ohne Leitung eines anderen zu bedienen. Sapere aude! Habe Mut dich deines eigenen Verstandes zu bedienen! ist also der Wahlspruch der Aufklärung.“* (Kant, Essay „Was ist Aufklärung?“, 1874) Es war auch Kant, der in diesem Streben das Primat der Freiheit erkannt hat, die dem Liberalismus ihren Namen gegeben hat: *„Niemand kann mich zwingen, auf seine Art (wie er sich das Wohlsein anderer Menschen denkt) glücklich zu sein, sondern ein jeder darf seine Glückseligkeit auf dem Wege suchen, welcher ihm selbst gut dünkt, wenn er nur der Freiheit anderer, einem ähnlichen Zwecke nachzustreben, … . nicht Abbruch tut.“* (Kant, „Über den Gemeinspruch“, 1793). Dieser liberale Gedanke, der als *„Pursuit of Happiness“* (dt. *„Streben nach Glück“*) auch in die US-amerikanische Verfassung eingeflossen ist, geht weit über den Ausspruch Friedrich des Großen hinaus: *„Jeder soll nach seiner Façon selig werden.“* (1740). Liberalismus duldet nicht nur **passiv** die Andersartigkeit des Anderen, seine anderen Gedanken und seinen eigenen Weg zum Glück, wie es der absolutistisch orientierte preußische König tat – eine duldende Toleranzhaltung, die im modernen Fiskal- und Sozialstaat leider eine Art Renaissance zu erleben scheint. Der Liberale macht all dies **aktiv** zum Grundmotiv seines Denkens und Handelns und will auch den Staat in dieser Weise ausgestaltet sehen.

Auf dieser Basis wurde der Liberalismus in der politischen Welt des 19. Jahrhunderts nach den napoleonischen Kriegen zu einer der beherrschenden politischen Strömungen. Kant benennt durchaus auch die Ursachen menschlicher Unmündigkeit: *„Faulheit und Feigheit sind die Ursachen, warum ein so großer Teil der Menschen, nachdem sie die Natur längst von fremder Leitung frei gesprochen, dennoch gerne zeitlebens unmündig bleiben."* (Kant, Essay „Was ist Aufklärung?", 1874). In diesem Sinne ist Liberalismus heute die Weiterführung der Aufklärung – einschließlich der schon von Kant selbst mitgetragenen Einschätzung, dass diese nie einen Abschluss erreichen könne, also eben nicht zielgerichtet ist. Wenn dies so ist, können wir nach Kant auch folgern: Ein Liberaler ist nicht faul, ein Liberaler ist nicht feige, er entscheidet selbst und lässt nicht andere *(„fremde Leitung")* für sich entscheiden.

Wir wollen keine Revolution – aber in der Evolution sind wir streitbar, wollen Impulse geben, Fehlentwicklungen anprangern, Gesetze verbessern, Schutzmechanismen effizient ausbauen und aus unseren Fehlern wie aus denen anderer lernen. Dazu gehört wesentlich auch die Fähigkeit, sich Veränderungen anzupassen und Fehlentwicklungen zu korrigieren oder Sonderentwicklungen als Ausdruck einer Epoche zu bewerten und zu überwinden. Diese Fähigkeit zeigt sich unter anderem in der Abkehr der Liberalen von einer gewissen nationalen Überhöhung im 19. Jahrhundert (Kaiserzeit) wie im 20. Jahrhundert (Nachgeben gegenüber dem „Ermächtigungsgesetz"): In der Weimarer Republik haben Liberale leider nicht immer deutlich genug gesehen, welche Ideologie hinter dem Nationalsozialismus steht, und sich ihm bisweilen nicht klar genug entgegengestellt. Liberale sehen heute klarer denn je, dass die Ausprägung der Nationalstaaten in der erwähnten geschichtlichen Epoche nicht nur zu zwei Weltkriegen geführt hat, sondern auch im Zeitalter der Globalisierung und mit dem Wohlstand einer Exportnation nicht in Übereinstimmung zu bringen sind.

# Wirtschaftstätigkeit

*Nicht der Staat, sondern die Menschen, die in ihm leben,
sollen wirtschaften – der Staat stellt nur die notwendigen
Spielregeln auf, um ein faires Wirtschaften aller zu ermöglichen.
Wettbewerb sorgt dafür, dass nicht der Stärkste beherrschend
werden kann – auch nicht der Staat, der in dieser Rolle ein
totalitärer zu werden droht. Liberale Ökonomen sind die Väter
der deutschen Sozialen Marktwirtschaft.*

Fleiß und Mut gehören also zum Wesen des Liberalismus – überhaupt ist ein wesentlicher Teil des Menschen seine Arbeit, seine wirtschaftliche Betätigung. Der freie Bürger arbeitet für sich selbst, aber auch im Dienste der Gesellschaft, denn wo Rechte sind, sind auch Pflichten. Nicht zuletzt über ihren Arbeitserfolg definieren sich Menschen, schöpfen daraus ihr Selbstwertgefühl, schaffen damit die Grundlage allen sozialen und wirtschaftlichen Handelns. Wenn das Reichtum für möglichst viele Menschen schafft, ist das umso besser – aber dieses Eigentum verpflichtet (Art. 14, GG).

Dem Begriff der Ökonomie fühlt sich der rationale Liberale besonders verpflichtet. Liberale begreifen jede Ökonomie dabei als dezentrales, selbstorganisierendes Managementsystem für begrenzte Ressourcen. Daher unterstützen Liberale seit langem ein Neuverschuldungsverbot, da fortwährende Deckungslücken in Haushalten die Grundlage der Ökonomie ignoriert. Liberale lehnen es ab, dass sich ein Staat Sonderrechte herausnimmt, deren „Bezahlung" er seinen Bürgern auflädt, ohne ihnen ein gleichartiges Handeln zu gewähren – insbesondere dann, wenn es im Zusammenhang mit Regelungen geschieht, die sich praktisch bewährt haben, wie die Insolvenzordnung für Gesellschaften oder Privatpersonen.

Was kontinentaleuropäische Philosophen mit dem grundsätzlichen Freiheitsbegriff begründet haben, haben vor allem angelsächsische Denker wie David Hume, Adam Smith, John Locke, George Berkeley, John Stuart Mill oder Dugald Steward dann in wirtschaftlicher Hinsicht ausgearbeitet. Ihre wirtschaftlichen Theorien haben das menschliche Wirtschaften aus Sicht des Liberalen bislang am besten beschrieben. Bedeutende Ökonomen des 20. Jahrhunderts haben diese Theorien weiterentwickelt und auf die moderne Wirtschaftswelt angewendet: Friedrich von Hayek (Nobelpreis 1974), Milton Friedman (Nobelpreis 1976), Ludwig von Mises, Walter Eucken, Joseph A. Schumpeter oder durchaus auch (mit Einschränkungen) Alfred Müller-Armack, auf jeden Fall aber Ludwig Erhard. Die Verbindung liberaler Wirtschaftsthesen mit dem grundgesetzlichen Sozialstaatsprinzip zu einem erfolgreichen Wirtschaftssystem zu verbinden, war eine wesentliche Leistung liberaler Ökonomen!

Nach dem zweiten Weltkrieg hat dennoch leider der Sozialismus die internationale politische Debatte stark bestimmt – und, praktisch „nebenher", in vielen Teilen der Welt grauenhafte Verbrechen begangen wie die Stalinistischen „Säuberungen" in Russland, die Kulturrevolution in China, die Massenmorde der Roten Khmer in Kambodscha, den Mauerbau in Deutschland. Nach Ende des Kalten Krieges rückten dann religiöse politische Systeme in den Vordergrund – nicht nur in der islamischen Welt, auch in den Vereinigten Staaten von Amerika (z. B. „Moral Majority", dt.: „Moralische Mehrheit" oder „Tea-Party"-Bewegung). Gleichzeitig sehen wir Gegenströmungen wie den „arabischen Frühling", von dem wir eine Liberalisierung der arabischen Gesellschaft erhoffen. Diese muss nach unserer Überzeugung nicht im Widerspruch zu einer islamischen Religiosität stehen, wie das Beispiel des türkischen Staatswesens im Ansatz zeigt.

Als europäische Liberale wünschen wir uns eine Renaissance des politischen Liberalismus als beherrschende Geistesströmung bei der Ausrichtung nicht nur unseres Kontinents auf die Probleme der Zukunft. Als Liberale haben wir nicht das glückselige Menschenbild des Sozialismus mit seinen Glaubenssätzen, nicht das gegen das Fremde Überhebliche des Faschismus. Wir glauben nicht, dass wir im Besitz einer gesellschaftlichen Wahrheit sind wie der Öko-Dirigismus, wir teilen nicht das Religiöse des Islamismus oder des konservativen christlichen Fundamentalismus. Daraus darf nicht geschlossen werden, dass sich liberales politisches Denken und private religiöse Überzeugungen oder auch ökologische Ausrichtungen oder soziales Engagement in irgendeiner Weise gegenseitig ausschließen – eher im Gegenteil! Wer politisch frei von Ideologien agiert, kann alle seine privaten, persönlichen Überzeugungen, die die Freiheiten anderer nicht einschränken, überzeugter und engagierter vertreten als ideologisch gebundene Personen. Grundsätzlich haben Liberale dennoch ein Menschenbild: In der Anerkennung der Rechte des anderen, unter selbstbewusster Verteidigung der eigenen Rechte, finden gutwillige Menschen gemeinsam den besten Weg.

Schon das für unsere abendländische Kultur prägende Christentum fordert, den Nächsten zu lieben *„wie sich selbst"* – das kann nur eine selbstbewusste, sich selbst annehmende Persönlichkeit leisten. Auf der anderen Seite sehen wir auch die problematische Seite der menschlichen Natur, die durchaus hier und da der Kontrolle durch den Staat bedarf. Der Weg zur Verständigung und Einigung mit den anderen liegt in Diskussion, Interessenausgleich, Rechtsanwendung, möglicherweise unter Zuhilfenahme von unabhängigen Richtern. Einer der bedeutendsten Liberalen war Vordenker des Systems, das sich später mit am besten bewährt hat: Charles-Louis Montesquieu, der die Gewaltenteilung vorgeschlagen hat. Der demokratische, gewaltengeteilte Staat mit seinem Durchsetzungs-Monopol – das einzige Monopol, das Liberale akzeptieren, aber nur, weil es durch Regeln wie die Grundrechte und die Gewaltenteilung beschränkt ist! – ist daher die natürlich richtige Staatsform für die politische Tätigkeit eines Liberalen. Wir Liberale fordern, die im politischen System Deutschlands etablierte Form der „Gewaltenverschränkung" immer wieder neu auf den Prüfstand zu stellen, um die heilende Wirkung dieses mächtigen Instruments für die Politik besser zu nutzen. Dabei schauen wir Liberale auch auf die Erfahrungen, die in anderen Ländern damit gemacht werden – zum Beispiel das „Checks and Balances"-System der USA, wie dort die gegenseitige Kontrolle der Institutionen genannt wird.

# Das Verhältnis zum Staat

*Der Liberale will so wenig Staat wie möglich,*
*aber soviel wie nötig.*
*Ein schlanker Staat ist ein starker Staat,*
*ein fetter Staat wird ineffizient.*

Die Einstellung von uns Liberalen geht heute, genau wie der Liberalismus im 19. Jahrhundert, von den Rechten aus, die der Einzelne hat – bestimmend für die politische Haltung ist daher das Verhältnis des Liberalen zum Staat. Er begreift sich als Bürger, dem insbesondere in Deutschland nach Jahrhunderten des Untertanentums endlich sein Staat gegeben wurde – nach vielen Jahrhunderten der Abhängigkeit zum Beispiel von den Römern, nach mittelalterlichem Feudalismus und frühneuzeitlichem Absolutismus und in der jüngeren Geschichte nach der devoten Unterordnung unter einen Kaiser, einen Führer oder die Diktatur des Proletariats. *„Die Staatsgewalt geht vom Volke aus."* (Grundgesetz), der Bürger ist also endlich der Souverän. Die Staatsgewalten dienen ihm und kontrollieren sich in seinem Interesse gegenseitig. Die Hauptaufgabe des Staates ist, die Rechte seiner Bürger zu wahren.

Der Bürger ist kein Untertan eines Fiskalstaates, der das Geld eintreibt, das für Wohltaten oder Projekte von Herrschenden ausgegeben wird – das Steuergeld bleibt das Geld des Bürgers, gemeinsam treuhänderisch von gewählten Volksvertretern sorgsam verwaltet. Ein Politiker, der etwas von „Steuergeschenken" erzählt, maßt sich an, die Volksvertretung verfüge anstelle des Volkes selbst über das Geld und habe die Macht, es zu verschenken. Als Liberale treten wir dieser anmaßenden politischen Vorstellung nachdrücklich entgegen – ein Volksvertreter, der so spricht, versündigt sich an seinem Souverän und gehört abgewählt. Ein frei gewählter Abgeordneter verdient hohen Respekt – aber immer mit dem Wissen, dass seine hohe Position ihm durch Wahl und nur auf Zeit verliehen wurde. Er ist nur das, was sogar schon der absolutistische König von sich sagte: erster Diener des Staates, also seines Volkes. In dieser herausragenden Position liegt sehr viel Verantwortung, die eine Anmaßung gegenüber dem Bürger nicht erlaubt.

Aus der Sicht der meisten politischen Strömungen in Deutschland wird der Staat über sein Handeln definiert – aus liberaler Sicht wird der Staat dadurch oft überdehnt. Die politische Linke überfordert den Staat durch übersteigerte Forderungen an die soziale Sicherheit, die Rechte durch paranoide Vorstellungen hinsichtlich der sogenannten „inneren Sicherheit", die oft in Überwachungsphantasien münden. Für uns Liberale zeichnet sich der Rechtsstaat vor allem durch das aus, was er unterlässt, um niemanden zu bevormunden – nur so ist die Freiheit seiner Bürger möglich. Der

Rechtsstaat ist der sich selbst beschränkende Staat, indem er sich selbst an das Recht hält. Den Rechtsstaat kann man verklagen – und man kann diesen Prozess gewinnen. Denn der Staat dient seinem Bürger, nicht umgekehrt. Um es erneut mit den Worten Karl Poppers zu sagen, der in der Nachkriegszeit mit seinen Gedanken die Erfahrungen der totalitären Katastrophen von Nationalsozialismus und Kommunismus aufarbeitete und damit den Liberalismus weiterentwickelte: *„Wir müssen für die Freiheit planen und nicht für die Sicherheit, wenn auch vielleicht aus keinem anderen Grund als dem, dass nur die Freiheit die Sicherheit sichern kann."* (Die offene Gesellschaft und ihre Feinde, 1945).

An Stammtischen macht sich der „starke Staat" herkömmlicher politischer Denkweise immer gut – nach allen möglichen Gesetzen lässt sich wohlfeil rufen. Wir als Liberale wollen einen schlanken, in seiner Schlankheit aber schlagkräftigen Staat, der sich nicht in einer Unzahl von Gesetzen verzettelt, sondern effektiv klar zugemessene Aufgaben unter strikter Einhaltung seiner eigenen Gesetze bearbeitet. Ein Staat, der sich nicht selbst durch Bürokratie und Überdehnung schwächt, ist ein wirklich starker Staat. Und für diesen in Selbstbeschränkung starken Staat setzen wir uns ein.

Als Liberale, die von den Rechten des Einzelnen – denen des Anderen und den eigenen – ausgehen, verstehen wir, dass der Rechtsstaat, insbesondere wenn er wie bei uns als Sozialstaat auftritt, von Voraussetzungen ausgeht, die er selbst nicht schaffen kann. Der Bürger muss seine Leistung, seinen guten Willen aus freien Stücken einbringen – den guten Willen, etwas mit eigener Kraft zu schaffen und davon anderen abzugeben. Wenn sich jeder auf den anderen verlässt, geht der Sozialstaat zugrunde, kein Zwang kann Abhilfe schaffen, ein Staat von Zwangsarbeitern schafft keinen Wohlstand.

Im Grunde gilt das auch für den Rechtsstaat an sich – wenn alle Bürger sich weigern, das Gesetz einzuhalten, tritt es praktisch und endgültig außer Kraft. Das Recht braucht ein Mindestmaß an Akzeptanz – und wo die nicht besteht, *„da hat auch der Kaiser sein Recht verloren",* um den Volksmund übertragen zu zitieren. Auch wenn die Bürger darauf verzichten, Kinder zu bekommen, gerät der Staat in eine Schieflage – zwingen kann man die Bürger auch hier nicht. Auf diese Zusammenhänge haben bereits die Bundesverfassungsrichter Ernst-Wolfgang Böckenförde und Paul Kirchhof hingewiesen, und auch die Ruck-Rede des ehemaligen Verfassungsrichters und Bundespräsidenten Roman Herzog zeugt vom gleichen Geist – eine liberale Grundhaltung. Daher sind wir als Liberale stets bereit, mehr in die Gesellschaft einzubringen, als von ihr entgegenzunehmen.

Das zutiefst Soziale im Liberalismus entspringt aus dem Leistungswillen – es ist nicht die fordernde Art des Sozialismus, die – oft angetrieben von Neid – dem anderen nicht gönnt, was er hat, und es ihm nehmen und umverteilen will (und dabei das Problem nie bei sich selbst sieht). Ein Sozialsystem, das einfach nur Umverteilung fordert mit dem Hinweis, die Reichen müssten gezwungen werden, den Armen möglichst viel abzugeben, finden wir als Liberale unanständig. Das gilt insbesondere dann, wenn die, die diese Forderungen erheben, ihr eigenes Gut selbst sorgsam vor dem Zugriff anderer schützen. Aus liberaler Sicht ist es auch ungerecht, wenn in verschiedenen Generationen die soziale Sicherung ungleich greift – mithin auch, wenn spätere Generationen die vermeintliche Solidarität unseres teuren Sozialsystems später als ihre Schulden bezahlen müssten. Im Extremfall geschieht genau das unter Verzicht auf eigene soziale Sicherung; nämlich dann, wenn die Belastung, wie heute schon in Griechenland, Spanien, Irland, Portugal und möglicherweise Italien, insgesamt zu groß wird. Die Übernahme der Schulden dieser Staaten kann dann sogar europaweit dazu führen, dass die Sozialsysteme zusammenbrechen.

Liberalismus bedeutet, etwas schaffen zu wollen, selbstbewusst vom Geschaffenen einiges behalten zu wollen – aber auch bereit zu sein, davon anderen abzugeben, und sich zu freuen, wenn es möglichst vielen Menschen möglichst gut geht. Diese Bereitschaft, sich an der Finanzierung von Gemeinaufgaben zu beteiligen, ist aber immer an Bedingungen geknüpft: nämlich dass die Institutionen, denen diese Beiträge anvertraut werden, mit diesen Mitteln nach Recht und Gesetz verfahren, sie wirtschaftlich sinnvoll einsetzen und demokratisch bestimmt wird, wie sie ausgegeben werden.

Der Leistungsgedanke schließt notwendigerweise auch die andere Seite ein – die Nichtleistung, oder, unverblümt ausgedrückt, das Versagen. Ein Liberaler gibt dann, wenn etwas schief läuft, nicht immer anderen die Schuld – auch nicht in der einfachsten Form der Schuldzuweisung, der Zuweisung zur Gesellschaft. Aus liberaler Sicht ist dann, wenn ein Einzelner scheitert, nicht einfach „die Gesellschaft" Schuld, oder irgendwelche gesellschaftlichen oder politischen Kräfte, nicht immer nur „der Staat" in der Pflicht – sondern durchaus weiterhin zu einem großen Teil der Einzelne selbst. Wir wollen den Einzelnen, der in Schwierigkeiten steckt, nicht einlullen, indem wir mit ihm andere Schuldige suchen („die Gesellschaft!"), indem wir das Problem (oder sogar den Schaden) sozialisieren, also wieder allen aufbürden, sondern ihm helfen, sich aus seiner misslichen Lage zu befreien.

# Das Subsidiaritätsprinzip

*Entscheidungen und politisches Handeln möglichst bürgernah zu halten und unnötige Machtkonzentrationen auf höherer Ebene zu verhindern, gehört zum liberalen Politik-Bild.*

Der Liberalismus geht, wie bereits dargelegt, von Grundsätzen des Rechts des Einzelnen aus, nicht von einem für alle gültigen Ziel – entsprechend steht der Liberalismus in jeder Epoche neuen Herausforderungen gegenüber, auf die er Antworten finden muss. Dabei werden von anderen politischen Strömungen immer wieder Lösungen vorgeschlagen, durch die aus liberaler Sicht Menschen- und Bürgerrechte unnötig eingeschränkt werden. Oft sind die Impulse von anderer Richtung jedoch auch in Übereinstimmung mit liberalen Prinzipien zu bringen. In diesen Fällen nimmt der Liberalismus Anregungen aus anderen politischen Strömungen gerne auf – wie zum Beispiel aus den Soziallehren der Kirchen, die in dieser Hinsicht gerade im Deutschland des 19. Jahrhunderts eine hohe Gestaltungskraft hatten.

So hat das Subsidiaritätsprinzip, in der Päpstlichen Sozialenzyklika „Rerum Novarum" von 1891 von Papst Leo XIII. formuliert, große Wirkung in der Staatstheorie entfaltet. Die Enzyklika beschränkt ausdrücklich den ausufernden Staat – ein Gedanke, den die Bundesrepublik im Föderalismus ausgestaltet hat. Insbesondere durch die Brüsseler EU-Bürokratie werden in dieser Hinsicht heute wieder neue Diskussionen entfacht. In dieser Enzyklika heißt es: *„Wie dasjenige, was der Einzelmensch aus eigener Initiative und mit seinen eigenen Kräften leisten kann, ihm nicht entzogen und der Gesellschaftstätigkeit zugewiesen werden darf, so verstößt es gegen die Gerechtigkeit, das, was die kleineren und untergeordneten Gemeinwesen leisten und zum guten Ende führen können, für die weitere und übergeordnete Gemeinschaft in Anspruch zu nehmen; zugleich ist es überaus nachteilig und verwirrt die ganze Gesellschaftsordnung. Jedwede Gesellschaftstätigkeit ist ja ihrem Wesen und Begriff nach subsidiär –, sie soll die Glieder des Sozialkörpers unterstützen, darf sie aber niemals zerschlagen oder aufsaugen."* Dieses Subsidiaritätsprinzip haben Liberale schon früh als richtig erkannt und nicht nur anderen wichtigen staatlichen Kontrollgedanken zur Seite gestellt, sondern auch als wichtige Grundüberlegung der Gesellschaftstheorie akzeptiert. Gerade heute hat es wieder ganz besondere Bedeutung. Gerne garnieren wir diesen Gedanken noch mit einem Zitat, das Papst Benedikt XVI. in seiner Rede im Bundestag auch herangezogen hat – es stammt vom Kirchenvater Augustinus: *„Nimm das Recht weg – was ist dann ein Staat noch anderes als eine große Räuberbande?"*

# Wirtschaftsliberalismus

*Nur der Wohlstand vieler durch freie wirtschaftliche Betätigung
gibt anderen Arbeit und denen,
die es nicht können, ein menschenwürdiges Auskommen.*

Als Liberale in einem freiheitlichen, demokratischen Rechtsstaat sind wir keinem anderen Menschen Untertan – auch keinem Konzern, keinem Kartell, keinem Banken-Konsortium. Liberalismus geht davon aus, dass sich selbst regulierende Mechanismen des Marktes das wirtschaftlich beste Ergebnis schaffen – und achtet daher darauf, dass der Markt funktioniert. Wo die Gefahr droht, dass der Wettbewerb durch Monopole, Kartelle oder kriminelle Strukturen ausgehebelt wird, fordert auch der Liberale vorsorgliches staatliches Eingreifen, Kontrolle und Lenkung, um den freien Markt und den freien Bürger vor Fehlentwicklungen zu schützen oder wieder funktionierende Strukturen zu schaffen. Eine wichtige Voraussetzung für langfristig stabil funktionierende Märkte ist dabei die Einheit von Verantwortung und Haftung.

Bei diesen staatlichen Aktionen oder Reaktionen bevorzugen wir immer Mechanismen, die die Leistungsfähigkeit des Marktes wieder herstellen. Eine „Demokratisierung der Wirtschaft", wie insbesondere von den „Linken" oft gefordert, halten wir als Liberale für einen grundsätzlichen Denkfehler: Demokratische Entscheidungen (und damit Gesetze) brauchen wir nur, wo die Freiheiten des Einzelnen Abgrenzung gegenüber den Rechten der Anderen erfordern. Die Wirtschaft ist aber gerade Ausdruck der menschlichen Freiheit. Oder, konkret ausgedrückt: Wenn die Wirtschaft konsequent demokratisiert ist, wer stimmt dann darüber ab, was Frank Sürmann, Till Mansmann, oder auch Sie, geneigter Leser, zum Frühstück essen, ob es Cornflakes, Haferflocken, Marmeladenbrot oder Rührei gibt? Entscheiden das die Bürger auf kommunaler Ebene, in den Bundesländern, deutschland- oder gar europaweit? Oder bestimmt das nicht einfacher, gerechter und besser jeder für sich selbst? Das ist der liberale Ansatz: Die freie Wirtschaft soll frei bleiben und nur da begrenzt werden, wo sie Freiheitsrechte und Marktregeln verletzt. Der Markt selbst ist schon demokratisch: Eine Mehrheit, die ein Produkt kauft, ein anderes aber nicht, macht ein Unternehmen erfolgreich und zwingt das andere zu Anpassungen – oder zur Aufgabe. Es gibt keine bessere demokratische Abstimmung als diese.

Die Gesellschaft ist nicht dazu da, überall möglichst viel Demokratie zu schaffen – es ist umgekehrt: Die Demokratie soll der Gesellschaft da, wo sie Konflikte hat, helfen, sie fair zu lösen. Aber wesentlich größere Lebensbereiche sollten davon erst gar nicht betroffen sein – viel wichtiger ist die Vertragsfreiheit: Das Recht zweier Menschen, sich gemeinsam auf etwas zu einigen und das als bindenden Vertrag zwischen beiden zu betrachten. Da gibt es in der Regel nichts zu demokratisieren – das andere Volk (griechisch „demos") hat sich da einfach nicht einzumischen.

Ausdruck dieser Urfreiheit, die wir demokratisch ausgestalten, sind Konsum- und Investitionsfreiheit, funktionsfähiger Wettbewerb, möglichst wenig Lenkung – und wenn, dann über Preismechanismen. Der Ordoliberalismus (ein durch straffe Ordnung gezügelter Liberalismus) der Nachkriegszeit, der die soziale Marktwirtschaft Deutschlands maßgeblich geprägt hat, hat dabei auch dauerhafte Kontroll- und Lenkungsgesetze vorgesehen (Kartellrecht, Wettbewerbsrecht, Verbraucherschutz): Anders als häufig von aktuellen Kritikern behauptet, wird das vom Liberalismus nicht abgelehnt, sondern gehört wesentlich zu ihm. Liberale Ökonomen haben nie Zweifel daran gelassen, dass Vertragsfreiheit ein wesentlicher Bestandteil des Liberalismus ist, im Interesse des Gemeinwohls oder zum Schutz von andernfalls unterlegenen Vertragspartnern (im Sinne des Schutzes ihrer Rechte) per Gesetz aber durchaus eingeschränkt werden kann – und vielfach auch muss.

Wie dies wirtschaftlich geschehen kann, haben die bereits genannten ordoliberalen Ökonomen ausreichend beschrieben – wie es politisch geschehen kann, dazu erneut Karl Popper: *„Wir dürfen nicht mehr andere Menschen tadeln, wir dürfen auch nicht die dunklen ökonomischen Dämonen hinter der Szene anklagen. Denn in einer Demokratie besitzen wir den Schlüssel zur Kontrolle der Dämonen. Wir können sie zähmen. (...) Es ist wichtig, dass wir (...) die Schlüssel gebrauchen; wir müssen Institutionen konstruieren, die es uns erlauben, die ökonomische Gewalt auf demokratische Weise zu kontrollieren und die uns Schutz vor der ökonomischen Ausbeutung gewähren"* – und schlug als Lösung die Kontrolle durch *„bloß formale Freiheit"* vor („Die offene Gesellschaft und ihre Feinde", 1945). Das ist liberales Denken.

Liberale wollen die wirtschaftliche Betätigung des Staates möglichst gering halten. Daher stehen wir unbefristeten Subventionen zum Erhalt unwirtschaftlicher Strukturen (Agrar- oder Kohleförderung) kritisch gegenüber. Liberale Ansätze bevorzugen Hilfe zur Selbsthilfe beim Strukturwandel und die Förderung neuer Technologien und Markterschließungen, und zwar zeitlich befristet und degressiv. Die Innovationsförderung dient der Schaffung neuer, wirtschaftlich interessanter Märkte und Einkommensmöglichkeiten. Europa als eine eher rohstoffarme Region hängt zum Erhalt seines Wohlstands sehr von einem ständigen Innovationserfolg ab.

# Freiheit und Gleichheit, Demokratie und Steuerrecht in Deutschland und Europa

*Der politische Handlungsspielraum muss so gestaltet werden, dass der Staat schlagkräftig agieren kann, ohne dem Einzelnen den Spaß an seiner Erwerbstätigkeit zu nehmen.*
*Das bedeutet: Gleichheit als Rechts- und Chancengleichheit, Demokratie als direkte Machtfrage des Volkes, das Steuersystem so einfach und die Steuerbelastung so niedrig wie möglich*

Liberalismus geht nicht von einer irgendwie gearteten wirklichen Gleichheit der Menschen aus. *„Wären alle Menschen gleich, würde im Prinzip einer genügen"*, dieser Aphorismus wird dem polnischen Schriftsteller Stanisław Jerzy Lec zugeschrieben (ein Kommunist sogar!). Der Liberalismus fordert keine soziale, keine materielle Gleichheit – sondern Gleichheit vor dem Gesetz und Gleichheit der Chancen. Daher gehört auch Bildungspolitik zu den Themenfeldern, die Liberalen besonders wichtig sind.

Ausgehend von gleichen Rechten ergibt sich die Demokratie dabei als natürliche liberale Staatsform – jede andere Staatsform zeichnet einzelne, mächtige Menschen vor anderen aus, was im Widerspruch zu den Grundrechten steht. Die Demokratie macht die Menschen nicht gleich, zeigt aber eindrucksvoll durch die Gleichheit der Stimmen, dass ihre Rechte gleich sind – anders als so kann sich ein Liberaler seinen Staat nicht wünschen. Dabei wird im demokratische Rechtsstaat von Liberalen Wert darauf gelegt, dass sich alle dem Recht unterordnen – auch oder sogar ganz besonders, nämlich als Vorbild! – die staatlichen Institutionen. Der Rechtsstaat mit Kontrolle durch Gewaltenteilung muss der Garant für die Menschen- und Bürgerrechte sein. Direkte Demokratie ist dafür nicht grundsätzlich im politischen Tagesgeschäft bei Einzelentscheidungen notwendig – wenn auch möglich. Die Komplexität von vielen einzelnen Sachthemen legt es jedoch nahe, repräsentative Strukturen zu schaffen. Aber diese repräsentativen Strukturen (parlamentarische Demokratie) können nur freiwillig von den Bürgern in Auftrag gegeben werden – Volksabstimmungen sind daher in all den Fragen notwendig, in denen der Bürger seine Entscheidungsrechte abtritt, sei es an Volksvertreter oder direkt an die ausführende Gewalt.

Aus liberaler Grundhaltung heraus muss daher nicht in Volksabstimmungen über den Bau von Bahnhöfen entschieden werden (und darf es auch nicht, wenn bereits in einer legitimen Vertretung die Entscheidungen gefallen sind, weil ein Paradox entsteht, wenn verschiedene, legitimierte Verfahren in Konkurrenz treten), wohl aber über die Art der Entscheidung selbst. Ein ordentlicher Rechtsstaat legt daher seine

Verfassung seinen Bürgern zu Abstimmung vor. Auch Wahlrechtsfragen sind ein Fall für die höchsteigene Entscheidung der Bürger – und eine Abtretung von Rechten zum Beispiel an die Europäische Union kann daher nach liberaler Vorstellung auch nur direkt durch das Volk legitimiert werden. Außerdem kann so einer Kompetenzübertragung grundsätzlich nur zugestimmt werden, wenn dann auch in dieser höheren, europäischen Instanz die gleichen Kontrollmechanismen (Parlamentsvorbehalte, demokratische Strukturen, Gewaltenteilung, Grundrechtegarantie mit entsprechender Jurisdiktion) angewendet werden.

Sollte ein künftiges Europa mit anderen Rechten ausgestattet werden (z. B. „Europäische Wirtschaftsregierung"), müsste das sie kontrollierende europäische Parlament nicht nur demokratisch gewählt sein, es müsste dann auch mit ausreichenden Kontroll- und Haushaltsrechten ausgestattet werden und dürfte sich auch nur auf die Nationen beschränken, die den zu kontrollierenden Teil ihrer Kompetenzen nach oben abgegeben haben. Wir halten eine europäische Verfassung daher nur dann für legitim gegenüber den deutschen Bürgern, wenn diese nicht hinter dem Grundgesetz zurückbleibt. Wir vertrauen in dieser Frage auf das Bundesverfassungsgericht in Karlsruhe, besonders hinsichtlich der Wahrung der Grundrechte mit Ewigkeitsgarantie.

Der Minderheitenschutz ist in einem demokratischen System von hoher Bedeutung. Diese formelle Form der systematischen Anerkennung einer Minderheit sehen Liberale als Ausdruck der Verschiedenheit im Pluralismus, der eben nicht alle unter das Diktat der Mehrheit stellt. Wir sehen Demokratie als fairen Interessenausgleich, der mit freiheitlichen Grenzen ausgestaltet wird. In dieser Form wird auch jeder, der irgendwie „anders" ist, ohne seine Mitbürger zu beeinträchtigen, vor der Mehrheit geschützt. Wir haben die Vertragsfreiheit am Beispiel des Frühstücks beschrieben – für den Minderheitenschutz nehmen wir nun das Abendessen als Exempel. Vince Ebert, Diplom-Physiker und Kabarettist (und damit nach eigener Aussage „*nach Oskar Lafontaine und Angela Merkel der dritte deutsche Physiker, der sein Geld im Bereich Kabarett und Comedy verdient*"), hat im September 2011 auf Einladung der Friedrich-Naumann-Stiftung in Hamburg die „Rede zur Freiheit" gehalten. Dort hat er gesagt: „*Die bloße Tatsache, dass der Wille des Volkes in einer freien Wahl zum Ausdruck kommt, heißt erst mal noch nicht viel. Im Grunde genommen bedeutet Demokratie lediglich, dass zehn Füchse und ein Hase darüber abstimmen können, was es zum Abendessen gibt. Freiheit dagegen bedeutet, wenn der Hase mit 'ner Schrotflinte die Wahl anfechten kann.*" Und direkt anschließend formulierte Ebert in seiner Rede den entscheidenden Unterschied zwischen Liberalen und Etatisten: „*Das entscheidende Element unserer abendländischen Kultur ist nicht unbedingt die Mitbestimmung, sondern die Selbstbestimmung.*" Die Freiheit des Einzelnen steht vor dem Kollektiv.

Die sozialen Transfersysteme, die als sozialer Ausgleich zur Stabilisierung unserer Gesellschaft nötig sind, sollten aus liberaler Sicht auch nicht (wie bei Steuern s. u.) zur bevormundenden Steuerung der Hilfe empfangenen Bürger dienen. Auch Transferempfänger haben ein Recht auf größtmögliche Freiheit – die mit der Pflicht, sich nach

Möglichkeit wieder selbst zu ernähren und sich an den materiellen Aufgaben der Gemeinschaft durch Steuerzahlung zu beteiligen, einhergeht. Daher stehen die Liberalen der Entwicklung eines allgemeinen Bürgergeldes oder auch eines bedingungslosen Grundeinkommens als Ersatz für die vielen verschiedenen (oft mit vielen Auflagen verbundenen) Transfersysteme aufgeschlossen gegenüber. Eine solche Grundsicherung kann, konsequent liberal gedacht, als Fortschreibung der Steuerpflicht auf ein „Minus-Einkommen" gesehen werden – Steuerpflicht nach Leistungsfähigkeit und generelles Recht auf Existenzminimum werden so zu zwei Seiten einer Medaille. Die Summe aller Transferzahlungen muss sich natürlich nach der Haushaltslage des Staates richten und nicht nach definierten Bedarfen. Eine solche Sozialpolitik nach Kassenlage – was die politische Linke ablehnt – entspricht der natürlichen Lebenswahrheit eines jeden Bürgers an jedem seiner Tage – und wie wir zunehmend feststellen auch der Lebens- und Etatwahrheit der einzelnen Staaten. Wird der Bedarf vor die Leistung gestellt, wird einem unbegrenzten Etatismus, einer Staatsgläubigkeit der Weg geebnet – und die Pleite vorbereitet. Das lehnen wir ab – nicht zuletzt, weil es gegenüber nachfolgenden Generationen ungerecht ist.

# Schwerpunkt Steuerrecht

*Steuerrecht ist Eingriffsrecht und als solches wesentlich
für das Verhältnis zwischen Staat und Bürger –
aus diesem Grund ist es ein liberales Grundanliegen.*

Das Bestimmende in der politischen Einstellung des Liberalen ist sein Verhältnis zum Staat – das sich an vielen Stellen manifestiert: In der Verfassung, im Umgang mit der Exekutive wie Polizei, Behörden, vor Gericht. Ein ganz maßgeblicher Teil ist das Steuerrecht – es ist das Eingriffsrecht, das den Staat wirtschaftlich erst möglich macht. Die starke politische Betonung des Steuerrechts ist daher, anders als von den Medien öffentlich oft dargestellt, nicht eine Art monothematischer Fixierung der Liberalen, sondern Ausdruck der Erkenntnis, dass hier ein Kernpunkt des Verhältnisses des Bürgers zu seinem Staat besteht. Wer Art und Höhe der Steuern ständig hinterfragt, wie es die Liberalen tun, zeigt, dass er als Bürger denkt. Wer immer nur die Bedürfnisse des Fiskus im Blick hat, wie eigentlich alle anderen im Bundestag vertretenen Parteien, verhält sich daher nicht wie ein Volksvertreter, sondern wie ein Beamter im Obrigkeitsstaat.

Steuerzahlungen sind volkswirtschaftlich betrachtet immer Konsumverzicht des Einzelnen zugunsten der Gemeinschaft. So gesehen kann ein Unternehmen eigentlich keine Steuern zahlen – jede bei einem Unternehmen erhobene Steuer wird an einen Konsumenten weitergegeben, entweder an den Käufer (als Aufpreis), an den Arbeitnehmer des Unternehmens (als Lohneinbuße), an den Unternehmer (als Gewinnreduktion), oder die Steuer geht zu Lasten der Bewegungsfreiheit des Unternehmens (zum Beispiel über verminderte Liquidität oder Rücklagen). Unternehmensteuern sind aus liberaler Sicht daher ein besonders sorgfältig zu erwägendes Rechtsgebiet, weil die dort typischen Regelungen zu Intransparenz der effektiven Steuerbelastung führen. Das gilt ausdrücklich nicht für Abgaben (oder für Steuern, die in einer systematischen Steuergesetzgebung als Abgaben ausgestaltet sein sollten): So sollte sich natürlich ein Spediteur an den Ausgaben für Straßenbau und -erhaltung beteiligen, weil er von den Verkehrswegen unternehmerisch profitiert und die entsprechenden Kosten nicht der Allgemeinheit aufbürden soll. Eine entsprechende Belastung über Maut, Kfz- oder Mineralölsteuer ist nach Maßgabe des Verursacherprinzips systematisch sinnvoll. Andere Steuerbelastungen in Unternehmen führen jedoch in der Regel nur zur Einrichtung großer Steuerabteilungen, die selbst unproduktiv sind, aber Abwehrreaktionen hervorbringen (Abwanderung ins Ausland, Steuersparkonstruktionen, die den eigentlichen Firmenzweck beschädigen etc.). Aus diesem Grund sehen Liberale im Steuerrecht weniger die politisch-wirtschaftliche Lenkung als die direkte Beteiligung der Bürger an ihrem Staat.

Daher ist das Steuerrecht ein dauerndes Betätigungsfeld für Liberale. Aus liberaler Sicht ist eine Flattax, die erst oberhalb eines klaren Freibetrages ansetzt, akzeptabel, vielleicht sogar wünschenswert. Ein anwachsender Steuertarif steht aber auch nicht im Widerspruch zu liberalen Vorstellungen, da der Vermögende, der Leistungsfähige auch mehr hat, das vom Staat geschützt wird, als der Habenichts – das kann Ausdruck in einer Steuerprogression finden, die aber ihre Grenzen haben muss (z. B. BVerfG – Halbteilungsgrundsatz) – es könnte sich aber auch in einer erhöhten Zahlung von Abgaben (zweckgebunden an das zu schützende Gut) niederschlagen, bei nicht-progressiven Steuern. Und anders herum: Wer nichts hat als sein Leben oder nur sehr wenig, hat immer noch seine Würde und seine Rechte, die der Staat auch um einen hohen Preise schützen muss – das bringt zusätzlich zum Gedanken der Leistungsfähigkeit die Mechanismen der vom Bundesverfassungsgericht geforderten Steuerfreibeträge ins Spiel und verschiebt die Steuerbelastung zusätzlich zugunsten der wenig Habenden auf die Mittel- und Oberschicht. Aus liberaler Sicht wird ein Steuersystem gewünscht, das Umverteilung nicht als Selbstzweck oder Wert an sich betrachtet – Umverteilung ist lediglich eine Möglichkeit, staatlich zu lenken, und hat, wie alle Lenkungsmaßnahmen, auch unerwünschte Nebenwirkungen, die wir Liberale kritisch betrachten.

Aus liberaler Sicht ist ein für einen freiheitlich-demokratischen Rechtsstaat angemessenes Steuersystem eines, das vom Bürger verstanden wird, nach Leistungsfähigkeit und Grundsätzen der Gleichmäßigkeit und Gleichheit vor dem Gesetz transparent ist und mit wenig Bürokratie auskommt. Staatlichen Lenkungswünschen im Steuerrecht stehen Liberale skeptisch gegenüber, weil ihre Effekte oft deutlich niedriger sind, als zuvor geplant, weil die Nebenwirkungen meist zu einer Wohlstandsverminderung insgesamt führen und weil oft eine Bevormundung des Bürgers seitens des Staates dadurch vorgenommen wird.

Doppel- und Substanzbesteuerungen, wie sie leider im deutschen Steuerrecht immer wieder auftreten, lehnen wir als Liberale ab. Kritikpunkte finden wir hier bei der Mineralölsteuer (die Mehrwertsteuer fällt auch auf den speziellen Mineralöl-Steuer-Anteil an, da zahlen wir also Steuern auf Steuern!), bei der Gewerbesteuer (die durch Steuerbelastung für Kredite und Leasingraten eine Substanzbesteuerung darstellt – und ohnehin steuersystematisch in ihrer Struktur fragwürdig ist) und leider in vielen weiteren Steuerarten. Ein einfacheres und transparenteres Steuersystem sollte auf diese wirtschaftsschädigenden Effekte verzichten. Substanzbesteuerung vermindert überdies Vermögen von Steuerpflichtigen, das in vielen Fällen als Rücklage angelegt wird, zum Beispiel, wenn damit Wohnraum finanziert wird (Grunderwerbs- und Grundsteuer), was zum Beispiel einer selbstverantwortlichen Altersabsicherung zuwiderläuft.

Ansonsten ist es aus liberaler Sicht wünschenswert, wenn Steuern über alle Einkommensarten und über große Zeiträume hinweg möglichst gleichmäßig erhoben werden, weil nur so gerechte Belastungen über Generationengrenzen hinweg erreicht werden können. Bagatellsteuern, auch solche mit hohem Symbolwert, lehnen Liberale systematisch ab, weil hier in fast allen Fällen die Erhebungskosten überdimensional zum Ertrag stehen und staatliche Lenkung im Vordergrund steht. Eine klare Trennung von Abgaben (zweckgebunden), Steuern (ohne Zweckbindung zu Finanzierung aller staatlichen Leistungen) und Pflichtversicherungen ist dabei ein wichtiges Ziel liberaler Steuerpolitik, weil so Transparenz hergestellt wird, die für die freie Entscheidung mündiger Bürger notwendig ist.

# Die Steuersenkungsdebatte

*Es ist schlichtweg Pflicht des Staates, seine Bürger nicht unnötig zu belasten – und zu jeder Zeit über Entlastung nachzudenken.*

Aus sozialdemokratischer und grüner Sicht ist jeder Vorschlag der Steuersenkung ein Anschlag auf ihren Staat, den sie vor allem als Sozialstaat in der von ihnen besonders gewünschten Form als Umverteilungsstaat sehen. Aus liberaler Sicht hingegen ist der Wunsch nach Steuersenkung kein absurder Traum, sondern schlicht staatliche Pflicht: Der Staat hat die grundsätzliche Aufgabe, mit dem ihm zur Verfügung gestellten Geld auszukommen, dementsprechend also nicht mehr Schulden zu machen, als es ein Wirtschaftsunternehmen auch täte, und zwar mit dem Ziel, durch Investitionen die Zukunftseinnahmen zu verbessern. Genau diese Vorstellung steckt in der alten, grundgesetzlich bereits seit Jahrzehnten festgelegten Schuldengrenze, die nur deswegen nicht gefruchtet hat, weil sich die Politik an die Wirtschaftlichkeitsvorgabe zugunsten des sozialen Transferstaats grundsätzlich nicht gehalten hat. Es ist die Grundaufgabe des Staates, immer nur so viel Steuern wie unbedingt nötig zu erheben. Daher schließen sich die liberalen Forderungen, Steuern möglichst niedrig zu halten (und bei jeder möglichen Gelegenheit zu senken) und die Staatsfinanzen gesund zu halten (Geldstabilität, wenig Schulden) nicht gegenseitig aus, sondern ergänzen einander – der Schlüssel zu gesunden Staatsfinanzen liegt in der Selbstbeschränkung, also im Ausgabeverhalten des Staates. Das ist nichts anderes als bei der *„schwäbischen Hausfrau"*, die Bundesfinanzminister Wolfgang Schäuble gerne zitiert.

# Das Verhältnis zur Natur

*Der Mensch muss um seiner selbst Willen die Natur*
*– und damit sich selbst – schützen.*
*Naturschutz, der als Ideologie auftritt und so den Menschen*
*bevormundet, lehnen wir ab:*
*Wir wollen keine Öko-Diktatur.*

Dass zum Liberalismus Mut gehört, haben wir schon erwähnt – ein Stück weit heißt das in der deutschen Politik: Wo Ängste geschürt werden, mahnt der Liberale zu Vernunft. Technikfeindlichkeit, die meist aus Unwissenheit und diffusen Ängsten heraus entsteht, liegt uns als Liberalen daher eher fern. Das heißt nicht, dass wir Technik kritiklos annehmen – es gibt zum Beispiel für und wider die Atomkraft gute Argumente. Wir entscheiden uns in solchen Fragen grundsätzlich nicht vorschnell, sondern wägen ab.

In dieser Abwägung erkennen Liberale einen Grundsatz der fortwährenden Veränderung der uns umgebenden Natur, von der die Menschen ein Teil sind. Eine rein konservativ ausgerichtete Ideologie der „Bewahrung der Schöpfung", die Mensch und Natur als gegeneinander gerichtet sieht, widerspricht der Erkenntnis, dass sich die Natur, mit oder ohne Mitwirkung der Spezies Mensch, ständig verändert – zum Teil sehr dramatisch, und das Leben spielt dabei eine große Rolle: „Klimakatastrophe in der prämenschlichen Urzeit: Entdeckung der Photosynthese führt zu Umweltzerstörung durch Sauerstoff!" mag für die Urbakterien vor rund 600 Millionen Jahren schlagzeilenträchtig gewesen sein – heute hat sich die Welt mehr als gut mit dem neuen, aggressiven Atmosphärengas arrangiert. Und wir werden uns mit den Folgen menschlichen Lebens arrangieren müssen.

Liberale sehen den Menschen und seine Technik als einen Bestandteil der Natur, die der Mensch verändert und verantwortungsvoll gestalten soll – zumal die erfolgreichsten Technologien die Naturkräfte zu nutzen wissen oder sich an den Problemlösungen der Natur orientieren.

Ökologie hat, wie unschwer zu erkennen ist, eine ähnliche Wortherkunft wie Ökonomie: Es geht um das Wirtschaften. Nachhaltiges Wirtschaften ist vernünftig, kein ordentlicher Geschäftsmann entzieht sich für einen schnellen Profit langfristig die Grundlage für seine Tätigkeit. Förster, Jäger und Landwirte haben das schon lange erkannt, weshalb der Nachhaltigkeitsbegriff vom Spezialgebiet der Waldwirtschaft auf die gesamte Ökonomie übertragen wurde, in der deutschen Sprache genauso wie in der englischen („sustainability"). Die FDP hat dies bereits 1971 in den Freiburger Thesen als politisches Ziel erkannt – 9 Jahre vor der Gründung der Grünen. Als erste deutsche Partei hat sich die FDP dem Umweltschutz verpflichtet, mit dem ausdrück-

lichen Satz: *„Umweltschutz hat Vorrang vor Gewinnstreben und persönlichem Nutzen."*
Einen Widerspruch zwischen Ökonomie und Ökologie, wie ihn die Grünen gerne be-
schwören, können wir als Liberale nicht wirklich erkennen.

Wie leistungsfähig die Marktwirtschaft auch in ökologischer Hinsicht ist, wollen
wir an einem konkreten Beispiel erläutern: Im Gegensatz zu seiner Existenz in der
DDR hat ein durchschnittlicher ostdeutscher Bundesbürger heute mehr als das Drei-
fache seines materiellen Einkommens (inflationsbereinigt und im Durchschnitt – aber
auch nahezu jeder Einzelne hat mehr als früher, vielleicht abgesehen von den in der
DDR-Zeit Privilegierten). Auch wenn ein Teil davon immer noch auf Transferleistungen
zurückzuführen ist, hat die Wirtschaftsleistung Ostdeutschlands – trotz eines erheb-
lichen Personalverlusts durch Wegzug leistungsfähiger Bürger infolge des Menschen-
rechts auf Freizügigkeit – enorm gegenüber der DDR-Zeit zugenommen. Gleichzeitig
ist die Umweltbelastung beträchtlich gesunken. Das ist ein hervorragendes Beispiel
für die Überlegenheit freier Märkte gegenüber staatsgelenkter Wirtschaft. Es ist eine
Ironie der Geschichte, dass die Grünen in großer Ein- und Kleinmütigkeit die deutsche Einheit abgelehnt haben – sie wurden damit zu Gegnern des effektivsten und
umfangreichsten Umweltschutzprogramms, das in Deutschland je aufgelegt wurde.
Keine der Maßnahmen, die die Grünen heute fordern, hätte auch nur annähernd einen so positiven Effekt auf die Umwelt wie die deutsche Einheit, wie die Befreiung
Osteuropas überhaupt.

Doch bei den Grünen ist diese Botschaft noch nicht wirklich angekommen. So
heißt es in einem mit Mehrheit angenommenen Leitantrag der „Grünen Jugend
Niedersachsen" (Landesmitgliederversammlung Frühjahr 2010): *„Auch aus einer
grün-linken Perspektive ist es an der Zeit eine fundamentale und grundsätzliche Kritik
an den Prozessen und Zusammenhängen kapitalistischen Wirtschaftens in den politischen Diskurs ein zu bringen und sich klar gegen die unmenschlichen sozialen Bedingungen gesellschaftlichen Lebens zu positionieren. Wir wollen die Bedingungen des
Kapitalismus nicht als selbstverständlich und naturgegeben hinnehmen sondern in
ihren Grundfesten hinterfragen."* (Orthographie und Interpunktion sind aus dem Ori-
ginaltext übernommen). Darin wird der „Kapitalismus" klar (und richtig) als *„ein von
marktwirtschaftlicher Konkurrenz getriebenes System"* definiert, und ebenso richtig ist
der Satz: *„Im Kapitalismus ist die Arbeit neben dem Kapital die zweite wichtige Säule."*
Die mangelnde Akzeptanz für andere Lebensentwürfe als – wie in diesem Fall – den
der „Grünen Jugend" zeigt sich in dem intoleranten Satz: *„Der kleinbürgerliche Traum
Haus, Familie, Urlaub und Auto lässt sich praktisch nur mit einem Arbeitsplatz verwirk-
lichen."* Im Text heißt es auch: *„Wir wollen heute und hier anfangen (...) und nicht im
stillen Kämmerlein auf die Revolution warten! Die gesellschaftliche Ordnung hat sich
(...) längst abhängig gemacht vom ständigen Wachstumszwang, um den Wohlstand der
Moderne zu bewahren. Wir wollen raus aus diesem System (...). Wir wollen eine radikal
andere Gesellschaft."* Sogar die Einsicht, dass der Mensch anders ist, wird im Antrag
formuliert – man sieht das in diesem offenen (und sprachlich wieder etwas schiefen)

Bekenntnis, dann eben gleich den Menschen an sich ändern zu wollen: *„Die Abschaffung des Kapitalismus ist ein langer und komplizierter Prozess, wo der Mensch anders werden muss (Dutschke)."* Der Antrag trägt den Titel „Den Kapitalismus überwinden" – und zeigt, dass in solchen Ideologien immer die Gefahr besteht, dass am Ende nicht der Kapitalismus, sondern die Freiheit überwunden wird. Das sind die Forderungen des politischen Nachwuchses einer Partei, von der SPD-Chef Sigmar Gabriel in diesem Jahr gesagt hat: *„Die neue liberale Partei sind die Grünen."* („Leipziger Volkszeitung", August 2011). Immerhin haben die Grünen gemeinsam mit der SPD einen Präsidentschaftskandidaten ausgewählt, der solchen Träumereien vom Sozialismus einiges entgegensetzt: Gauck kritisierte bei einer Veranstaltung der Friedrich-Ebert-Stiftung in Bautzen im Mai 2010 (also etwa zeitgleich wie die Landesmitgliederversammlung der „Grünen Jugend") Leute (gemäß dem Anlass in erster Linie in Ostdeutschland), die *„einen Systemwechsel"* wollten, aber dann *„kein System an der Hand (haben), das unserem Rechtsstaatssystem überlegen wäre. Sie haben kein System an der Hand, das uns jemals diese Fülle an Bürger- und Menschenrechten und auch an Wohlstand gegeben hätte. Aber sie behaupten trotzdem, wir brauchten einen Systemwechsel. Das ist ja einfach Aberglaube. Das kann man leicht bekämpfen. Man muss nur manchmal etwas Mut haben."* Joachim Gauck hat diesen Mut eines wirklichen Liberalen, Rechtsstaat und Marktwirtschaft in einem Atemzug zu nennen und jederzeit zu verteidigen.

# Globalisierung

*Ein freier, fairer Welthandel hat in den letzten zwei Jahrhunderten die Lebensumstände von Abermillionen Menschen weltweit dramatisch verbessert – wir Liberale wollen diesen Weg gestaltend weitergehen.*

Als einen Verursacher vieler Probleme wird oft die Globalisierung genannt: Sie wird als schuldig angesehen, dass Löhne fallen, Menschen arbeitslos werden, Natur zerstört wird. Aus liberaler Sicht ist die Liberalisierung der Weltwirtschaft, wie der Begriff „Liberalismus" (lat. „libertas", dt.: „Freiheit") schon andeutet, ein freier Handel also, insgesamt ein Gewinn für die Menschheit. Natürlich wird so auch Druck aufgebaut – aber kein Druck, der sich sonst nicht ein anderes Ventil suchen würde. Im historischen Rückblick ist jedem klar, dass beispielsweise die schlesischen Weber unter der Entwicklung von mechanischen Webstühlen und damit preisbrechender Konkurrenz individuell leiden mussten. Klar ist heute aber auch, dass die Weber, wären sie mit ihrem Aufstand erfolgreich gewesen, dennoch nicht bis heute in gleicher Weise hätten weiterproduzieren können. Ein Strukturwandel war damals notwendig, er ist es heute an vielen anderen Stellen der Wirtschaft auch wieder. Die Wirtschaft ist ein Prozess, in dem Neues Altes verdrängt, wie von dem österreichischen Ökonomen Joseph Alois Schumpeter sehr treffend beschrieben. Das Leiden von Betroffenen erfordert sicherlich auch Solidarität – diese Solidarität kann aber nicht in Abschottung bestehen, die den deutschen Arbeiter auf hohem Niveau schützt, aber die Leistung des polnischen oder chinesischen Arbeiters durch Schutzzölle oder andere boykottähnliche Maßnahmen weitgehend entwertet. Gerade die exportstarke deutsche Wirtschaft ist auch auf die Akzeptanz ihrer Waren im Ausland (eine der wesentlichen Wohlstandsquellen Deutschlands!) angewiesen. Globalisierung ist ein Prozess, der dazu beitragen kann, die Errungenschaften der freien, demokratischen Gesellschaften insbesondere hinsichtlich der Grundrechte in andere, noch unfreie Länder der Welt zu tragen.

# Politische Gegner des Liberalismus – Unterschiede zu anderen Strömungen

*Wodurch wir uns von anderen Strömungen abgrenzen,*
*was wir an anderen Parteien in Deutschland kritisieren –*
*und in welchen Themen wir*
*Anknüpfungspunkte für politische Gestaltung sehen.*

Politisch Andersdenkende sind für uns nicht ein Problem, das es zu besiegen oder zu überwinden gilt, wir wollen Vertreter anderer Strömungen nicht mundtot machen. Wir betrachten sie als Partner im Ringen um den richtigen Weg. Im Umgang mit Andersdenkenden hält ein Liberaler den Anstand ein und wahrt immer die Würde des Menschen. Häme, wie sie uns als Liberale in der Krise jetzt entgegenschlägt, sollte uns bei Krisen der anderen Strömungen, wie sie CDU, SPD und Grüne ja auch schon erlebt haben und sicherlich noch erleben werden, aus der uns eigenen Toleranz heraus fremd sein.

**Wir erkennen die Grundhaltungen und geschichtlichen Verdienste der anderen wichtigen politischen Strömungen an:**

➤ Da ist zum Beispiel die soziale Sichtweise der Sozialdemokratie, die sich besonders denen zuwendet, die wirtschaftlich nicht Schritt halten können. Die Sozialdemokraten haben im 19 Jahrhundert wichtige Reformen und Entwicklungen geprägt und im 20. Jahrhundert einen bewundernswerten Widerstand gegen totalitäre Systeme geleistet, der bis heute Vorbildcharakter haben muss. In der Hinwendung der Sozialdemokraten zum einzelnen Schicksal sehen wir auch einen liberalen Ansatz – nur dass wir Liberale das nicht losgelöst vom Aspekt der Verantwortung des Einzelnen betrachten. Liberale haben lange und fruchtbar gemeinsam mit Sozialdemokraten Politik in Deutschland gestaltet – allerdings zu einer Zeit, in der die Sozialdemokratie noch flexibler auf Herausforderungen reagiert hat. Die progressive Haltung der Sozialdemokraten ist allerdings, durch den Druck der grünen Konkurrenz, immer mehr durch eine strukturkonservative Einstellung ersetzt worden, die sich durch eine gewisse Technikfeindlichkeit und Reformunwilligkeit zeigt. Das macht die Zusammenarbeit mit Sozialdemokraten zunehmend schwieriger.

➤ Auch die Christdemokraten haben aus ihrer christlichen Weltsicht heraus soziale Entwicklungen begleitet und die Gesellschaft mit festen Positionen in wichtigen Fragen der Werteorientierung bereichert. So haben sie die Nachkriegszeit in vielen wichtigen, richtigen Entscheidungen (auch hier wieder oft in Zusammenarbeit mit Liberalen) geprägt. Viele dieser Wertvorstellungen, die für Christdemokraten politisch leitend sind, können einzelne von uns durchaus teilen; wir Liberale sehen dieses Werte-Überzeugungen oft jedoch nicht im politischen, sondern im privaten Raum.

➤ Die Grünen, bei denen eine grundsätzliche Standortbestimmung noch aussteht und die wir daher aus liberaler Sicht einerseits als eine gesellschaftliche Weiterentwicklung einer sozialdemokratischen Grundhaltung sehen, die andererseits starke wert- und strukturkonservative Züge aufweisen, schließen wir daher ausdrücklich in diese beiden Strömungen ein. Wir erwarten, dass die Grünen spätestens nach dem Abschalten aller Kernkraftwerke eine Standortbestimmung nachliefern, weil dann die „Anti-Atom"-Bewegung ihren Charakter als politische Klammer für diese Strömung verloren haben wird.

**Wir betrachten den Liberalismus als eine bedeutende Stimme in diesem Kanon grundsätzlicher Kräfte, auf die Deutschland nicht verzichten kann. In der politischen Auseinandersetzung werden in Einzelfragen Kompromisse ausgehandelt – es gibt aber auch wesentliche Grundüberzeugungen, in denen wir sehr hart um unsere Überzeugung kämpfen, wie bei der Vorratsdatenspeicherung oder in der Steuerdebatte.**

➤ Mit den Sozialdemokraten und mit den ihnen verwandten Strömungen wie den Grünen verbinden uns teilweise Vorstellungen über die Wahrung der Grundrechte. In der politischen Auseinandersetzung kritisieren wir jedoch, dass diese Gruppierungen leider oft bereit sind, diese Positionen zugunsten der ihnen meist wichtiger erscheinenden Umverteilung aufzugeben, wie im Fall der rechtswidrigen Ankäufe von Steuerhinterziehungs-CDs: Die sonst so Geheimdienst-kritischen Grünen haben in diesem Fall kein Problem gesehen, dass die deutschen Geheimdienste grundgesetzwidrig gegen deutsche Bürger im Inland aktiv geworden sind. Die Verletzung rechtsstaatlicher Ermittlungsgrundsätze durch deutsche Behörden haben Grüne, „Linke" und Sozialdemokraten auch nicht kritisiert. Diese politische Haltung, die man mit *„Der Zweck heiligt die Mittel"* umschreiben kann, läuft liberalem Denken zuwider.

➤ Grundsätzlich problematisch ist die Einstellung der „Linken", die leider auch bei Teilen der Sozialdemokraten und Grünen Widerhall findet, der Sozialismus sei „eine gute Idee". Aus liberaler Sicht ist die Gleichmacherei um den Preis der Freiheit geradezu eine furchtbare Idee! Die von der deutschen Linken so gerne bemühte Solidarität kritisieren wir, sofern sie sich darin erschöpft, mit gehobener, geballter Faust Forderungen aufzustellen, was andere anderen zu geben hätten – das ist keine echte Solidarität. Solidarität bedeutet für uns als Liberale auch, die Gesellschaft als Ganzes im Blick zu behalten – und anzunehmen. Die aktive Ablehnung, die insbesondere die deutsche Linke nationalen Symbolen oder Gefühlen entgegenbringt, passt unserer Meinung nach nicht zu dem Zusammengehörigkeitsgefühl, das eine Gesellschaft braucht, um sozial miteinander agieren zu können, um wirklich solidarisch handeln zu können. Auf der anderen Seite passt nationale Überheblichkeit auch nicht zur Idee der Freiheit – daher lehnen wir Nationalismus ab. Liberalismus befiehlt nicht Stolz und Liebe zur Heimat, steht ihr aber auch nicht grundsätzlich entgegen, sonst würde er ideologisch. Ein gewisser Patriotismus, gerne in ausdrücklicher Verbundenheit mit dem Grundgesetz, kann eine emotionale Klammer sein, die hilft, die Rechte des anderen anzuerkennen und zu schützen. Liberalismus verbietet es, sich über andere Nationen zu erheben, weil das ihre natürlichen Freiheitsrechte und die Würde ihrer Bürger verletzt. In diesem Punkt stehen wir den Christdemokraten sicherlich näher.

➤ Mit den Konservativen geraten wir dagegen im Bestreben, die Grundrechte zu erhalten, regelmäßig in Fragen der sog. „inneren Sicherheit" in Konflikt. Der konservative Politiker Günther Beckstein hat im „Stern" am 25. April 2007 gesagt: *„Ein anständiger Bürger kann darauf vertrauen, dass der Staat auf seine privaten Daten keinen Zugriff nimmt."* Wir Liberale sehen das genau anders herum – der Staat sollte seinen Bürgern grundsätzlich vertrauen und davon ausgehen, dass sie anständig sind. Er darf nur im konkreten Verdachtsfall und streng nach Recht und Gesetz gegen seine eigenen Bürger tätig werden. Auf der anderen Seite hat der Bürger das Recht, dem Staat aus historischer Erfahrung grundsätzlich zu misstrauen. Das muss nicht als konkretes Misstrauen gegen Einzelne gedeutet werden – wir wollen auch keine Strukturen schaffen, die nachfolgende Verantwortliche missbrauchen können. So hatte die Finanzverwaltung in der Weimarer Republik Anfang der 30er Jahre Vermögende in Deutschland systematisch erfasst – und mit genau diesen Daten haben die Nationalsozialisten dann reiche Juden identifiziert und enteignet. Solchen Entwicklungen wollen Liberale langfristig vorbeugen.

➤ Eine große Koalition, die einerseits aus Gleichmacherei, andererseits aus Sicherheitsparanoia die Grundrechte von mehreren Seiten aus aufweicht und beschädigt, ist für Liberale eine grundsätzlich sehr bedenkliche Konstellation.

# Die politische Kultur in Deutschland

*Die europäische Linke setzt bewusst auf Empörung –*
*wir Liberale setzen auf Vernunft*
*und Regeln im Umgang miteinander.*

Wir als Liberale sehen es als problematisch an, dass einerseits die konservativen Kräfte (CDU) in den letzten Jahren sozialdemokratisch geprägte Wirtschaftsvorstellungen weitgehend übernommen, andererseits sich die Grünen wertkonservative Denkmuster zueigen gemacht haben – zusätzlich zu den von Anfang an dort vorhandenen strukturkonservativen Vorstellungen nach Vorbild der Sozialdemokraten. Die Unterschiede zwischen den anderen Parteien haben sich damit stark verwischt – in diesem Text wollen wir zeigen, wie sich der Liberalismus von alldem abhebt.

Diese Vereinheitlichung der Denkweisen zieht sich weit durch die Gesellschaft bis tief in die Medienlandschaft hinein. Vom Einheitsbrei abweichende Meinungsäußerungen werden leider mit einer gewissen Aggressivität und oft auch mangelnder Toleranz für Andersdenkende bekämpft. Auch die Öffentlichkeit bietet anderen als den vereinheitlichten Denkströmungen wenig Raum. Das zeigen viele Debatten, in denen echte inhaltliche Auseinandersetzungen vermieden wurden. Ersetzt wurden sie durch Empörungsfloskeln (Beispiele aus den letzten Jahren: Umgang mit Martin Walser nach seiner Rede in der Paulskirche 1999, mit Arnulf Baring nach seinem „FR"-Beitrag 2006, mit Thilo Sarrazin nach seinem Buch 2010 und nicht zuletzt der Umgang mit Guido Westerwelle 2010 und 2011). Wie manche engstirnige Konservative in den 50er-Jahren bei den Nachbarn geschaut haben, ob da nicht die falsche Person übernachtet, um die Welt „moralisch reinzuhalten", wird heute der Müll durchwühlt, um die Welt „ökologisch sauberzuhalten", und die Sprache nach vermeintlich politisch nicht korrekten Formulierungen durchforstet, um Belege für „faschistoides" Gedankengut zu finden und den politischen Gegner so moralisch zu vernichten.

Und für all das wurde und wird das staatliche Gewaltmonopol strapaziert und die Medienmacht instrumentalisiert. Staat und Politik ermächtigen sich zunehmend selbst mit der Kontrolle dieser „unerwünschten" Verhaltensweisen – was früher der alte Kuppeleiparagraph war, ist heute die Müll- und politische Gedankenpolizei (oft als „political correctness" auftretend oder in Form von Denkverboten). Die neue Spießigkeit kommt in der Juteverpackung daher, und sie ist in ihrer moralischen Entrüstung genauso laut wie damals in den 50ern: Gerade die europäische Linke fordert lautstark Empörung und erklärt das zur politischen Kultur. Das hat letzter Zeit der französische Autor Stéphane Hessel wieder gezeigt („Indignez-vous!" – zu Deutsch: „Empört Euch!", ein 2011 erschienenes Buch, das nicht nur in Frankreich, auch in Deutschland schnell in den Bestseller-Listen gelandet ist). Wir als Liberale lehnen diese emotionale Art des „Wutbürgertums" ab. Diese Empörungskultur überschreitet leider im (von links gerade geforderten!) Eifer ihres Gefechtes vielfach Grenzen und verletzt dabei oft die Würde ihrer ausgewählten Gegner. Wir Liberale plädieren für eine rationale, sachliche, faire Diskussion.

Bei den Grünen ist diese Entwicklung besonders augenfällig: Als brüllender Tiger auf völlig staatsfernem Terrain in den 80er-Jahren protestierend und Steine werfend losgesprungen, sind sie heute als etatistischer Bettvorleger vor dem gemütlichen Sozialstaatsbett gelandet. Als Liberale machen wir den Grünen den Vorwurf, dass sie den Staat so lange heftig und für alles kritisiert haben und systematisch zu schwächen versuchten, als sie ihn noch nicht bestimmen konnten. Und heute, wo sie zu weiten Teilen die Regeln mitbestimmen – in vielen Regierungen auf kommunaler und Landesebene, aber nicht zuletzt auch ganz individuell als Beamte in der Verwaltung – wollen sie den Staat plötzlich möglichst stark sehen. Daher wenden sie ihre Empörungs-Rhetorik nunmehr ihrem politischen Mitbewerber zu. Wir halten es als Liberale demokratisch für bedenklich, die Staatsmacht nur solange abzulehnen, wie man selbst nicht die Mehrheiten hat, sie aber gerne und ausgiebig zu nutzen, sobald man die Oberhand gewinnt.

In ihrem Namen tragen die Grünen den Zusatz „Bündnis 90" der DDR-Bürgerrechtsbewegung, sind heute aber ohne Diskussion bereit – anders als die SPD, die wenigstens darüber streitet! –, mit den direkten Nachfolgern der damaligen Unterdrücker zu koalieren, und zwar lieber als mit Christ- oder Freidemokraten. Ihre heute geschätzten Koalitionspartner verletzen bei Gedenken an Mauertote die Würde der Opfer, indem sie ihnen die Ehrerbietung verweigern, schicken Diktatoren speichelleckerische Glückwunschtelegramme und zeigen immer wieder eine erschütternde Ablehnungshaltung gegenüber der parlamentarischen Demokratie. Daher stellen wir fest: Eine prinzipielle Haltung gegenüber den Grundrechten können wir bei den Grünen immer nur dann erkennen, wenn ihr eigenes Klientel betroffen ist (wie bei Polizeiaktionen gegen Demonstranten), nicht aber aus einer politisch-ethischen Grundhaltung heraus.

Bis heute sind die Grünen von dieser Schizophrenie durchdrungen: Staatsferne bei vielen grundrechtlichen Fragen (in denen sie dann durchaus oft auch im Ansatz liberale Positionen vertreten), staatliche Machtansprüche dann bei der konkreten Sozial-, Wirtschafts-, Familien- oder Bildungspolitik. Eine ähnliche Schizophrenie beherrscht die Außenpolitik: Als pazifistische, „gewaltfreie" Partei gestartet, hat ein grüner Außenminister als erster deutscher Nachkriegspolitiker einen wirklichen Kriegseinsatz durchgesetzt; als „basisdemokratische" Kraft gegründet, plädieren die Grünen heute vehement für Kompetenzübertragungen nach Brüssel – ohne klare Vorstellungen demokratischer Kontrolle.

# Konkrete Entscheidungen:
## Schulden- und Finanzkrise

*Liberales Denken ist in der abendländischen Kulturhistorie entstanden, verharrt aber nicht in ihr, sondern will aus der Geschichte lernen und die Zukunft gestalten – wesentliche Instrumente dabei sind Wirtschaft und Finanzpolitik.*

Was Liberalität ausmacht, sieht man auch in Fragen der Eurokrise: Für uns Liberale, die wir nicht nur gesellschaftspolitisch, sondern immer auch grundsätzlich wirtschaftlich denken, ist klar: Die Aufweichung der Stabilitätskriterien und unverantwortliches Schuldenmachen sind die wirklichen Ursachen der Eurokrise. Eine „Rettung" Griechenlands liegt daher nicht in einer Vertagung des Problems, sondern in einer aktiven Lösung. Wenn die Opposition, wie jüngst Frank-Walter Steinmeier, davon spricht, dass die Liberalen *„die Pleite Griechenlands herbeireden",* sieht man das deutlich: Die Pleite kann man nicht herbeireden, sie ist bereits wirtschaftliche und finanzielle Realität! Totschweigen macht alles nur schlimmer – und ist eines demokratischen, freien Staates nicht würdig. Liberale fordern vom Staat hier auch wieder nur das, was schon lange unsere Position ist: Wir wollen, dass der Staat die Regeln, die er seinen Bürgern und den mutigsten unter ihnen, nämlich seinen Unternehmern, aufbürdet, auch selbst einhält. Also sagen wir: Insolvenzverschleppung ist eine Straftat, Herr Steinmeier! Und wer Fiskalismus betreibt, wer die Staatsfinanzen in den Vordergrund rückt, ohne Rücklagen für Risiken zu bilden, wirtschaftet unseriös, Herr Schäuble! Und über das Bestreben der EU, nicht nur auf Pump marode Staatssysteme zu stützen, sondern dabei sogar Hebelwirkungen („leverage") zu nutzen, können wir uns vor dem Hintergrund der Diskussion, „Leerverkäufe" von „Spekulanten" zu verbieten (das ist nämlich nichts anderes als Aktien-An- und -Verkäufe mit Hebelwirkungen, oft auf Pump!), nur wundern. Und wieder hat ein Kabarettist den Gedanken auf den Punkt gebracht. Dieter Nuhr, der inzwischen den „Satire-Gipfel" in der ARD moderiert, hat am Tag der Erweiterung des sog. Euro-Rettungsschirms im September 2011 getwittert: *„Euro gerettet, gute Idee: Bei Bedarf wird neues Geld gedruckt. Privatleuten wird von der Methode abgeraten wg. Gefängnisstrafe."*

Bei der Krise einzelner Staaten des Euro-Raums wie auch in der Bankenkrise sind die Erschütterungen in erster Linie Staatsversagen, nicht Marktversagen – das vermeintliche Marktversagen ist immer genau da zu beobachten, wo der Staat in den Markt eingegriffen hat. So verwundert es nicht, dass Finanzinvestoren ihre Risiken (und damit Renditen) erhöhen, wenn der Staat die Verluste sozialisiert. Wenn Gewinne und Risiken mit staatlichem Segen entkoppelt werden, können Marktmechanismen nicht mehr funktionieren. Aus liberaler Sicht ist es grotesk, das Staatsversagen durch noch mehr Staatsaktion in den Griff bekommen zu wollen, die negativen Folgen unkontrollierter Geldvermehrung durch staatlich beeinflusste Notenbanken mit noch mehr Geld zu heilen zu versuchen. Liberale Reaktionen auf die Wirtschaftskrisen der letzten Zeit sind daher: konsequentes Gegensteuern durch Haushaltsdisziplin, Vermeidung der Vergesellschaftung der Probleme und Anwendung des Verursacherprinzips bei der Schadensregulierung, Vermeidung der Vertagung der Probleme durch Schuldenmachen, wirkliche Unabhängigkeit der Notenbanken von der Politik.

Bei der Regulierung der Finanzmärkte gehören Überlegungen zu staatlichen Schutzmechanismen mit Hilfe von Gesetzen, Steuern oder Zöllen zu den üblichen Maßnahmen in einer liberal ausgestalteten Wirtschaft. Alle diese Maßnahmen müssen aber sorgfältig geprüft werden, ob sie die Markteffizienz steigern, indem sie das Verursacherprinzip einhalten. Außerdem ist vor der Erlassung neuer Gesetze zu prüfen, ob in manchen Fällen nicht bereits die Anwendung bestehenden Rechts ausreicht, zum Beispiel zivilrechtlich hinsichtlich des Verbraucherschutzes, aber auch strafrechtlich (Betrug, Untreue).

# Die Krisen der Parteien
# und kommende Herausforderungen

*Nicht nur die FDP ist in der Krise –*
*aber unsere Partei ist aktuell in ihrem Bestand bedroht,*
*obwohl sie noch große Aufgaben zu bewältigen hätte.*

Bei uns in Mitteleuropa ist tatsächlich viel erreicht. Kluge Kommentatoren wie der große liberale Denker Ralf Dahrendorf haben die Krise der Sozialdemokratie vorhergesehen mit dem Argument, viele der sozialdemokratischen Forderungen seien inzwischen erfüllt – die Wochen- wie die Lebensarbeitszeiten haben ihren ausbeuterischen Charakter verloren, existenzielle Armut wie Hunger, Kälte oder Obdachlosigkeit ist faktisch abgeschafft, über Pflichtversicherungen haben alle Anteil an einer sozialen Grundsicherung für Alter und Gesundheit. Man könnte sagen: Die Sozialdemokratie hat sich zu Tode gesiegt. Wenn wir noch jammern, dann auf hohem Niveau. Mit dem gleichen Argument könnte man die liberale Idee zu Grabe tragen: Die Gewaltenteilung ist verwirklicht, das Grundgesetz regelt alle wesentlichen Grundrechte und seine Einhaltung wird vom Verfassungsgericht effektiv überwacht. Die freie Wirtschaft hat eine enorme Leistungsfähigkeit erreicht. Man könnte vermuten: Auch der Liberalismus hat sich zu Tode gesiegt.

Wir sehen das allerdings für beide politischen Strömungen anders: Es bleiben soziale Fragen, es bleibt ein Heer sozial Benachteiligter (wenn auch nach neuen, relativen und nicht mehr absoluten Kriterien). Gerade der große Reichtum, den wir auf liberaler Basis erwirtschaften, wirft neue Fragen der Güter- und Ressourcenverteilung im Land und auf europäischer Ebene auf wie auch Probleme der Generationengerechtigkeit– für die Sozialdemokraten und andere politischen Strömungen wichtige Themen für heute und die Zukunft.

Das gilt besonders auch für die Freiheit: Der technische Fortschritt, die zunehmende Vernetzung stellt uns hier vor neue Herausforderungen. Über Nummernschild-Überwachung im Verkehr und kaum sichtbare, kleine und kostengünstige Videokameras an öffentlichen und privaten Plätzen, über den zunehmenden elektronischen Zahlungsverkehr, Handy-Daten, Informationen im Internet nicht zuletzt in sozialen Netzwerken und vieles mehr hinterlässt ein moderner Mensch eine Vielzahl von Spuren, die es vor 20 oder 30 Jahren praktisch noch nicht gab. Leistungsfähige Computer in privaten Unternehmen wie auch im Dienste des Staates schaffen hier Datenauswertungen, die eine flächendeckende Überwachung der Menschen ermöglicht. Auch in der wirtschaftlichen Ordnungspolitik sehen wir viele bedenkliche Entwicklungen im rot-rot-grünen Einheitsbrei: Betätigungsfelder für Liberale gibt es weiterhin in Hülle und Fülle!

Vielen Bürgern ist die Tragweite der Veränderungen noch gar nicht klar. Meist fürchten sie die privaten Unternehmen mehr als den Staat – dabei schafft gerade der Markt die effektivste Kontrolle: Hatten Kritiker noch vor 30 Jahren Bedenken bei der Rolle der Firma IBM, haben sie später Microsoft, dann Google, inzwischen aber Apple und Facebook in den Fokus ihres Verdachts gerückt, und andere werden kommen – vielleicht im Einzelnen oft nicht zu Unrecht. Wie effektiv der Markt insgesamt einzelne Unternehmen begrenzt, zeigt die Verschiebung der Macht der genannten Firmen, die oft innerhalb von nur wenigen Jahren oder sogar Monaten, stattfindet. Wer nicht Google nutzen will, kann eine andere Suchmaschine, einen anderen E-Mail-Anbieter, ein anderes soziales Netz wählen. Beim Staat haben wir diese Wahl nicht.

Daher sind wir als Liberale hier besonders kritisch. Thomas Hobbes hat bereits 1651 in den entmündigenden, allmächtigen Staat, der aus Angst entsteht, beschrieben („Leviathan"). Heute beobachten wir den Aufbau eines digitalen Leviathans mit großer Sorge: Die moderne Datenverarbeitung gibt dem Staat noch viel mehr Möglichkeiten in die Hand. Wir sehen die Freiheit, die Bürgerrechte massiv in Gefahr. Die Geschichte hat nur sehr wenige Beispiele, wie einzelne Unternehmen katastrophale Entrechtung für ganze Völker bewirkt hätten – Staaten ist dies erschreckenderweise sehr oft gelungen. Nicht zuletzt weist Popper darauf hin, Hitler habe seine Macht auf legale Weise in einer parlamentarischen Demokratie erlangt. Nur weniger Jahre nach der Selbstabschaffung des gewaltengeteilten demokratischen Rechtsstaats der Weimarer Republik hat das aus ihr legal hervorgegangene Dritte Reich die Welt mit Krieg überzogen und Millionen vorher freier Bürger auf den Schlachtfeldern des Weltkriegs und in den Gaskammern der Vernichtungslager in den Tod geschickt. Die Gefahren der Zukunft sind andere, neue, es geht um Totalüberwachung und Gesinnungskontrolle – und der Erfolg der „Piratenpartei" in letzter Zeit hat gezeigt, dass auch viele Bürger diese Befürchtungen inzwischen teilen.

Die alten, etablierten Parteien sind in der Krise – dabei haben sie durchaus noch Betätigungsfelder, Aufgaben und Gestaltungsmöglichkeiten. Die Krise der Christdemokraten, die auch spürbar ist, hat allerdings eine etwas andere Ursache als das Zu-Tode-Siegen von Sozialdemokraten und Liberalen: Sie geht mit einem generellen Verlust gemeinsamer Werte einher. Die Spießigkeit und Enge der 50er- und 60er-Jahre mag man kritisieren – aber sie hat mit festen, gemeinsamen Wertevorstellungen der Gesellschaft eine Klammer gegeben. Dieser Zusammenhalt fehlt heute, was auch wir als Liberale als Nebenwirkung der Freiheit betrachten, eine Herausforderung für liberale Politik. Auch hier sehen wir für wertkonservative Kräfte wie die Christdemokraten und die Grünen bedeutende politische Aufgaben, an deren Gestaltung wir uns als Liberale beteiligen wollen.

# Begrifflichkeiten

*Im Wettbewerb der Ideen und Konzepte wird nicht nur sachlich miteinander gerungen, leider oft auch polemisch.*

*„Die Sprache macht den Menschen, die Herkunft macht es nicht",* sagt Prof. Higgins in „Pygmalion" („My Fair Lady"). Das gilt auch für das Staatswesen: Sprache macht Politik, gerne werden „Begriffe besetzt". Besonders erfolgreich dabei ist die deutsche Linke: Aus dem „Nationalsozialismus" haben sie den (eigentlich viel schwächeren!) „Faschismus" gemacht, um die Nähe zum Sozialismus wegzureden, aus der (richtigen) „Kernkraft" die (falsche) „Atomkraft", weil es mehr Angst macht, und leider haben sie auch eine ordentliche Wirtschaftstheorie, den „Neoliberalismus", erfolgreich zum Schimpfwort verketzert (immer da, wo sie eigentlich „Laissez-faire-Kapitalismus" meinen). Da spielen wir mit den Linken notgedrungen Wörter-Hase-und-Igel und bekennen uns jetzt als Liberale einfach zum Ordoliberalismus, zur Freiburger oder auch zur Wiener Schule.

# Warum wir nicht auf die FDP verzichten können: Blick in die Zukunft

*Ohne eine einzige grundsätzlich nicht etatistische Partei kann der Staat so viel Macht bekommen, dass es für den nächsten Demagogen ein einfaches Spiel wäre. Auch ein europäischer Superstaat muss effektive Kontrollmechanismen aufweisen.*

Im Grunde könnte man demokratisch mit einem Untergang einer Partei leben. Man könnte dies sogar systematisch nach der Wirtschaftstheorie von Joseph A. Schumpeter betrachten, der den konstruktiven Prozess des Zerstörens in der Wirtschaft beschrieben und so jedem Strukturwandel einen theoretischen Überbau gegeben hat: Eine FDP, die versagt und verschwindet, könnte so einer neuen, frischen liberalen Partei den Weg frei machen. Einige nachdenkliche politische Kommentatoren sehen das im Falle der FDP jedoch kritisch – aus gutem Grund: Ohne die FDP sehen wir ganz wichtige Positionen wie oben beschrieben erst einmal nicht mehr im politischen Spektrum des Landes vertreten und wir bezweifeln, dass eine neue liberale Partei in einem überschaubaren Zeithorizont eine gestaltende Rolle übernehmen könnte. Wir können unsere politische Heimat, die wir oben beschrieben haben, auch nicht bei den in deutschen Parlamenten vertretenen anderen Parteien finden.

Die FDP verfügt immer noch über eine breite Mitglieder-Basis, über öffentliche, mediale Aufmerksamkeit und Rückhalt gerade bei akademischen Bevölkerungsgruppen und in der Wirtschaft – die Art der Kritik aus diesen Kreisen ist mit der Häme mancher politischer Mitbewerber nicht zu vergleichen.

Sogar Vertreter anderer Strömungen schätzen unsere liberale Stimme im politischen Konzert, wie der ehemalige Bundeswirtschaftsminister und frühere Ministerpräsident von NRW, Wolfgang Clement, der auch nach seinem SPD-Austritt bekennender Sozialdemokrat geblieben ist. Er schreibt im September 2011 im „Handelsblatt" unter der Überschrift *„Wofür wir Liberale brauchen würden"* einen Gastbeitrag, der so beginnt: *„Wer würde jetzt noch die Hand für die FDP heben wollen? Jetzt, wo man das Totenglöckchen schon zu hören meint."* – Und dann hebt er selbst die Hand, beginnend mit Kritik: *„Viele Hunde sind des Hasen Tod, heißt es. Die FDP hat sich in der Tat von den Kritikern treiben lassen."* Er ermuntert uns Liberale, genau in dem Sinne, den wir hier versucht haben darzulegen, weiterzumachen: *„Sind wir unserer Freiheit so sicher? Ich habe Zweifel. (...) Eine selbstbewusste freiheitliche Partei ist eine, die sich durch die gängig gewordenen Klischees vom Neoliberalismus nicht irre machen lässt, sondern sich ihrer fürwahr stolzen neoliberalen Herkunft besinnt: Ihr sind usurpatorische Mäch-*

Auch der bekannte Wirtschaftsmanager und liberal orientierte Berater und Autor Hans-Olaf Henkel hat im September 2011 nach der Landtagswahl in Berlin bekannt, dass er erstmals seit langer Zeit nicht mehr FDP, sondern gar nicht gewählt hat. In seiner Analyse, sehr publikumswirksam am Wahlabend in der „Tagesschau" in der ARD geäußert, hat er wörtlich gesagt: *„Die FDP hat ihr eigentliches Kernthema aus den Augen verloren. Wir brauchen eine liberale Partei, das heißt eine Partei, der die Freiheit wirklich am Herzen liegt. Nicht nur auf dem Gebiet der Wirtschaft, auch auf dem Gebiet der Menschenrechte und der Bürger-Freiheit, die Frau Leutheusser-Schnarrenberger im Übrigen gut vertritt. Wir brauchen eine Partei, der die Freiheit wichtiger ist als die Gleichheit. Wir haben nur noch Parteien, die sich für soziale Gerechtigkeit engagieren und keine einzige Partei, die sich für Subsidiarität einsetzt: für die Delegation der Verantwortung von oben nach unten. Da muss die FDP neu Kurs nehmen."* Ehemalige Wähler, die so denken, die vor allem ins Lager der Nichtwähler gewechselt sind, in kleineren Gruppen aber auch insbesondere zu CDU, Grünen und „Piraten", gilt es zurückzugewinnen. Dieser Essay soll einen Beitrag dazu leisten.

Und es gibt weitere Gründe, die vielleicht den einen oder anderen Bürger, der sich im politischen Einheitsbrei von rot-rot-schwarz-grün nicht wirklich zu Hause fühlt, nachdenklich machen können.

Gehen wir einmal in einem Gedankenexperiment davon aus, die FDP sei verschwunden. Dann haben wir für die nächsten 25 Jahre (also rund 5 Bundestags-Legislaturperioden) eine satte Mehrheit für rot-rot-grün. Ist das demokratisch wünschenswert – oder auch nur realistisch? Die Erfahrung zeigt, dass die Regierung regelmäßig in Wahlen abgestraft wird und der jeweils andere Block wieder zu Kräften kommt. Also haben wir dann immer die Alternative zwischen rot-rot-grün und einer absoluten CDU-Mehrheit? Ist das realistisch? Ist das wünschenswert? Wir meinen: nein. Auch die Christdemokraten, die derzeit die Option sehen, in so einem Fall möglicherweise zwischen SPD und Grünen als Koalitionspartner wählen zu können, sollten sich im Klaren sein, dass sie so in hohem Maße gegenüber linken Positionen erpressbar würden, weil immer die rot-rot-grüne Alternative bestünde, solange die CDU keine absoluten Mehrheiten erzielt – was ihr selbst in Zeiten eines Drei-Parteien-Systems immer schwergefallen ist.

Daher meinen wir, dass eine weitere, liberale Partei in der Mitte, also die FDP, gebraucht wird – oder sich am rechten Rand bilden wird, dann vermutlich aber mit nur vermeintlich freiheitlichen Ideen (wie in Österreich und den Niederlanden), geprägt von anti-islamischen Ressentiments, latent fremdenfeindlich und aus genau dieser Angst heraus leider anfällig für konservative Sicherheits-Phantasien und weitere Grundrechts-Einschränkungen. Wem das egal ist, der darf die FDP jetzt abschreiben. Wer das nicht will, der kämpft für die liberale Überzeugung weiter.

# Immer auch mit Humor nehmen

*Auch wenn wir als Liberale zurzeit nicht viel zu lachen haben,*
*nehmen wir alles, was da kommt, mit Humor.*

Wir haben damit angefangen, wie Loriot die FDP gesehen hat, wir haben unterwegs gerne auch mal Kabarettisten zitiert – und enden damit, wie ein anderer berühmter deutscher Komiker die Partei heute vielleicht sehen würde, mit einem Zitat von Karl Valentin: *„Hoffentlich kommt's need so schlimm, wie's jetzt scho is!"* Dies ist ausdrücklich ein Aufruf an alle, die in der FDP Ämter oder für die FDP Mandate innehaben. Wir wollen also mit einem Appell schließen, auf jeden Fall nicht so weiterzumachen wie bisher, in den Worten des großen Aphoristikers Georg Christoph Lichtenberg: *„Es ist nicht gesagt, dass es besser wird, wenn es anders wird. Wenn es aber besser werden soll, muss es anders werden."*

Wir wollen, dass der Liberalismus in Deutschland auch in der Parteipolitik politische Heimat bietet. Wir haben aufgeschrieben, wie wir diese Heimat sehen – und wünschen uns, dass sich möglichst viele, die eine solche Stimme der Freiheit im Chor der politischen Strömungen wünschen, unserem Essay anschließen, innerhalb wie außerhalb der FDP.

*"*

*Wir wollen, dass der Liberalismus
in Deutschland auch in der Parteipolitik
politische Heimat bietet.
Wir haben aufgeschrieben, wie wir diese
Heimat sehen – und wünschen uns,
dass sich möglichst viele,
die eine solche Stimme der Freiheit im Chor
der politischen Strömungen wünschen,
unserem Essay anschließen,
innerhalb wie außerhalb der FDP.*

*"*


**Autoren:**

**Dipl.-Phys. Till Mansmann**
*Stellvertretender Vorsitzender FDP Kreisverband Bergstraße*

**Dipl.-Volkswirt Roland von Hunnius**
*Ehrenvorsitzender FDP Kreisverband Bergstraße, 1996-2008 Mitglied des Hessischen Landtags*

**RA Frank Sürmann**
*Vorsitzender FDP Kreisverband Bergstraße, Mitglied des Hessischen Landtags*

**Dipl.-Biochem. Dr. Hans Maschke**
*Mitglied des Vorstands des FDP Kreisverbands Bergstraße,
Mitglied der AG Grundsatzprogramm der FDP Hessen für den KV Bergstraße*

**Dipl.-Kffr. Martina Daubenthaler**
*Bürgerin*

**Erstunterzeichner:**

**Thomas Bittner,**
*Stellvertretender Kreisvorsitzender FDP Bergstraße, Vorsitzender FDP Lampertheim*

**StBin Dipl.-Kffr. Brigitte Susanne Pöpel,**
*Stellvertretende Bundesvorsitzende Liberale Frauen,
Vorsitzende Liberale Frauen Hessen, Stellvertretende Kreisvorsitzende FDP Wiesbaden*

**RA Jochen Paulus,**
*Mitglied des Hessischen Landtags, Sprecher der FDP-Fraktion für Kunst und Kultur sowie für Justizvollzug*

**Helmut von Zech**
*Mitglied des Hessischen Landtags, Sprecher der FDP-Fraktion für Sport und Verbraucherschutz*

# Index

Wir danken Jochen Fröhlich für die Gestaltung und die Herstellung dieser Schrift und Dr. Wiebke Brandes für die sorgfältige Endkorrektur des Textes sowie allen Erstunterzeichnern und allen weiteren Unterstützern für die Hilfe bei der Verbreitung!

9 783842 384095